패션 아이콘,
시대를 앞서가다

패션 아이콘,
시대를 앞서가다

1판 1쇄 인쇄 2017년 9월 15일
1판 1쇄 발행 2017년 9월 25일

글·그림 칼린 세르니글리아 베치아 **옮김** 최지원
펴낸곳 도서출판 그린북 **펴낸이** 윤상열
기획 및 편집 윤인숙 김현경 **표지 및 본문 디자인** 쏘굿미디어 **마케팅** 윤선미 **경영관리** 동예은
출판등록 1995년 1월 4일(제10–1086호) **주소** 서울 마포구 방울내로 11길 23 302호(망원동 두영빌딩)
전화 02-323-8030~1 **팩스** 02-323-8797 **블로그** http://GREENBOOK.KR **이메일** gbook01@naver.com

FASHION REBELS
Text and cover and interior illustrations copyright ⓒ 2016 by Carlyn Beccia Published
by arrangement with Rights People, London

Korean languages edition ⓒ 2017 by Green Book Publishing Co.
Korean translation rights arranged with Red Fox Literary LLC c/o
Right People through EntersKorea Co., Ltd., Seoul, Korea.

ISBN 978-89-5588-341-1 43900

*이 도서의 국립중앙도서관 출판예정도서목록(CIP)은 서지정보유통지원시스템 홈페이지(http://seoji.nl.go.kr)와
  국가자료공동목록시스템(http://www.nl.go.kr/kolisnet)에서 이용하실 수 있습니다.(CIP제어번호: CIP2017021529)
*파손된 책은 구입하신 곳에서 바꿔 드립니다.

패션 아이콘,
시대를 앞서가다

글·그림 칼린 세르니글리아 베치아 옮김 최지원

그린북

차례

패션이 왜 중요할까? 10

나의 스타일 아이콘은 누구일까? 12

나의 스타일 아이콘 14

● 화려한 등장 클레오파트라 7세 16
클레오파트라 스타일 21

● 모두의 이목을 집중시킨 여왕 엘리자베스 1세 22
엘리자베스 1세 스타일 27

● 하늘 높이 올린 머리 모양 마리 앙투아네트 28
마리 앙투아네트의 초커 만들기 34
마리 앙투아네트 스타일 35

● 패션으로 내조한 안주인 돌리 매디슨 36
돌리의 매력 교실 40 / 돌리 매디슨 스타일 41

● 편리함과 우아함의 만남 코코 샤넬 42
코코 샤넬 스타일 47

리틀 블랙 드레스 이야기 48

● 동양의 스타일로 서양을 매혹시키다 안나 메이 웡 50
안나 메이의 스타일 조언 54 / 안나 메이 스타일 55

● 검은 비너스 조세핀 베이커 56
조세핀 베이커의 핀컬 만들기 62 / 조세핀 베이커 스타일 63

● 세상 어디에도 없는 특별한 여배우 캐서린 헵번 64
캐서린의 스타일 비결 68 / 캐서린 헵번 스타일 69

바지를 입은 여자들 70

● 희망의 나무여, 굳세어라 프리다 칼로 74
프리다 스타일의 화관 만들기 80 / 프리다 칼로 스타일 81

● 헤어나올 수 없는 마력 마릴린 먼로 82
마릴린의 스타일 조언 88 / 마릴린 먼로 스타일 89

● 나만의 독특한 스타일을 즐겨요 오드리 헵번 90
오드리의 스타일 조언 95 / 오드리의 프렌치 트위스트 스타일 96 / 오드리 헵번 스타일 97

● 패션을 주도한 영부인 재클린 케네디 오나시스 98
재클린 케네디 스타일 103

스커트 패션의 역사 104

● 심각하게 충고하는데, 자신을 심각하게 생각하지 말아요 엘런 드제너러스 108
엘런의 스타일 조언 113 / 엘런처럼 넥타이 매는 법 114 / 엘런 드제너러스 스타일 115

● 패션계의 불사조 마돈나 116
마돈나의 80년대 스타일 121

● 당당하고 수수한 스타일 미셸 오바마 122
미셸 오바마 스타일 127

미국 영부인 패션의 역사 128

● 그래, 난 이렇게 태어났어! 레이디 가가 132
레이디 가가 스타일로 신발 꾸미기 138 / 레이디 가가 스타일 139

● 자신감 넘치는 다양한 얼굴 미셸 판 140
미셸 판 스타일 145

● 현명한 꼬마 타비 게빈슨 146
타비 게빈슨 스타일 151

새롭게 떠오른 패셔니스타 152
패션 용어 사전 160
참고 문헌 163

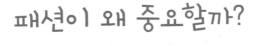

패션이 왜 중요할까?

보기 싫은 옷을 입었다고 해서 잡혀가지는 않아요.
하지만 잡혀간다 해도 감옥에서 즐겁게 보낼 수 있을 거예요.

아이리스 아펠, 90세가 넘은 패션 아이콘

오늘날 우리는 레이디 가가가 고깃덩어리를 입거나 개구리 인형을 몸에 붙이고 나오더라도 그걸 드레스라고 부릅니다. 물론 이상하게 보는 사람도 있겠지만, 남과 다르게 입었다고 잡혀가지는 않습니다. 오히려 신념을 표현했다고 해서 존경하는 사람도 많지요. 개구리 인형 드레스는 모피 사용을 반대하는 의미였고, 고깃덩어리 드레스는 군대에서 성 소수자의 인권을 지지하기 위한 몸짓이었기 때문입니다.

하지만 과거에 여성들은 그런 자유를 누리지 못했어요. 고깃덩어리를 입었다고 인상을 찌푸리는 정도가 아니라 바지도 입을 수 없는 시절이 있었지요. 그런데도 바지를 입었다가는 잔 다르크처럼 엄청난 고난을 겪어야 했답니다(70쪽).

선택할 수 있는 폭이 제한적이긴 했지만 역사상 많은 여성이 남들과 똑같은 옷을 입는 것을 거부했어요. 새로운 스타일을 택하는 이유는 가지각색이었어요. 일례로 옷을 자신의 힘을 드러내는 도구로 사용하기도 했어요. 잉글랜드의 엘리자베스 1세(22쪽)는 드레스에 각 신체 부위를 그려 넣어 자신이 왕이라는 메시지를 전달했지요. 자기 자신을 표현하거나 재미를 위해 옷을 고른 여성들도 있어요. 음식을 패션으로 활용한 사람이 레이디 가가가 처음은 아니었어요. 조세핀 베이커라는 연예인이 이미 몇 십 년 전에 선보인 패션이었지요(56쪽). 어떤 이들은 옷을 선택할 자유를 부르짖었는데, 배우 캐서린 헵번은 바로 그런 이유로 보란 듯이 알몸으로 탈의실을 나왔답니다(64쪽). 지금도 패션을 변화시키고 있는 여성이 많아요. 마돈나나 타비 게빈슨이 다음에 어떤 모습으로 변신할지는 아무도 예측할 수 없어요.

그럼 왜 이런 사람들의 이야기를 읽어야 할까요? 패션이 뭐가 그렇게 중요한가요? 패션 아이콘이자 사업가인 아이리스 아펠은 1921년생인데 아직도 패션계를 주름잡고 있으니 아마 누구보다 그 답을 잘 알 거예요. 아펠은 이렇게 말했어요.

"남들과 다르게 옷을 입으면, 남들처럼 생각하지 않아도 되지요."

이 책에 나오는 여성들은 남들과 다르게 생각했어요. 자신감 있고 독특하며 재미있고 영리했지요. 그들은 패션 계만 바꿔 놓은 게 아니에요. 패션을 통해 세상을 바꿨답니다.

대담하고 색다른 스타일을 시도하려면 우선 패션에 대한 관심이 필요하지요.

다음 쪽에 나오는 퀴즈를 풀어 보고, 자신의 독특한 스타일을 찾으려면
어느 패션 아이콘이 어울릴지 알아보아요.

나의 스타일 아이콘은 누구일까?

1. 가장 좋아하는 신발은?
1. 스니커즈
2. 검은색 플랫 슈즈
3. 자수를 놓은 슬리퍼
4. 글래디에이터 샌들
5. 하이힐
6. 눈에 확 띄는 빨간 구두

2. 가장 좋아하는 색상은?
1. 주황색
2. 분홍색
3. 하늘색
4. 금색
5. 흰색
6. 빨간색

3. 무조건 믿고 사용하는 패션 소품은?
1. 펑키한 양말
2. 티아라(왕관 모양의 머리 장식)
3. 레이스 달린 숄
4. 화려한 금목걸이
5. 인조 모피 스톨(어깨에 걸치는 긴 숄)
6. 동물 문양 프린트 스카프

4. 가장 좋아하는 꽃은?
1. 먹을 수 있는 식용 꽃
2. 골짜기에 핀 백합
3. 제비꽃
4. 연꽃
5. 장미
6. 난초

5. 가장 좋아하는 옷은?
1. 활동하기 편한 옷
2. 소녀답고 사랑스러운 옷
3. 여왕이 입을 듯한 옷
4. 강한 여성처럼 보이는 옷
5. 재미있고 장난스러워서 남의 시선을 끄는 옷
6. 이국적이고 매우 독특한 옷

6. 가장 편할 때는?
1. 무대에서 화려한 춤을 출 때
2. 친구들과 어울릴 때
3. 말을 탈 때
4. 남들이 내 말을 따라 줄 때
5. 카메라 앞에서 미소 지을 때
6. 남을 놀라게 할 때

7. 자신의 스타일을 한마디로 정의한다면?

  1. 자연스럽다

  2. 고전적이다

  3. 화려하다

  4. 역동적이다

  5. 요염하다

  6. 대담하다

8. 가고 싶은 도시를 하나만 고른다면?

  1. 미국 시카고

  2. 미국 뉴욕

  3. 오스트리아 빈

  4. 이집트 카이로

  5. 미국 로스앤젤레스

  6. 프랑스 파리

9. 만약 동물로 태어난다면?

  1. 오리너구리

  2. 파랑새

  3. 푸들

  4. 코브라

  5. 새끼 고양이

  6. 재규어

10. 가장 공부하고 싶은 분야는?

  1. 심리학_사람들의 행동 이면에 숨어 있는 동기를 알고 싶다.

  2. 요리_다른 사람에게 베푸는 게 좋다.

  3. 경제학_돈이 곧 힘이다.

  4. 정치학_미래에 대통령이 되고 싶다.

  5. 교양 과목_다방면으로 궁금한 것이 많다.

  6. 예술_사람들에게 감동을 주고 싶다.

11. 자신이 예쁘다고 생각하는 이유는?

  1. 진정한 아름다움은 머리카락이나 눈동자 색깔과 관련이 없다. 자신의 모습과 원칙, 도덕 관념이 진정한 아름다움을 결정지으니까.

  2. 우아함은 영원히 사라지지 않는 유일한 아름다움이니까.

  3. 지금껏 용기 있게 살아왔으니까.

  4. 나는 절대 지지 않으니까.

  5. 우리는 모두 별이고, 반짝일 권리가 있으니까.

  6. 나는 아무도 두려워하지 않는다. 팔이 2개, 다리도 2개, 위는 하나, 머리도 하나인 건 누구나 똑같으니까.

1, 2, 3, 4, 5, 6을 선택한 숫자를 세어 보고 자신에게 어울리는 패션 스타일 아이콘을 알아보세요.

1이 가장 많다면

당신의 패션 아이콘은 엘런 드제너러스예요. 무심한 듯 멋있는 스타일이라 누구나 당신과 친해지고 싶어 하지요. 패션을 우선순위에 두는 사람이 아니어서 이 퀴즈를 푸는 것도 지루했을지 몰라요. 당신에겐 더 나은 할 일이 있어요. 예를 들면 세상을 매혹시키는 일 말이에요.

2가 가장 많다면

당신이 가장 마음에 들어 할 패션 아이콘은 사랑스러운 오드리 헵번이에요. 당신은 고전적이고 숙녀다운 스타일을 좋아하지요. 하지만 오래된 사진을 보며 "내가 예전에 이런 옷을 입었니!"라며 창피해하는 일도 없어요. 빳빳한 흰 블라우스에 스니커즈를 신어도 완전히 자기 스타일로 소화하니까요. 천성이 낙천적이어서 명랑해 보이는 옷을 선택하는 편이에요.

3이 가장 많다면

마리 앙투아네트처럼 과감한 패션을 목표로 하는군요. 축하해요, 공주님. 극단적인 패션을 시도하는 사람이라 지금 주위를 둘러보면 당신이 머리를 제일 높이 묶었을지도 모르겠네요. 당연한 일이에요. 당신은 황족이고 주목받을 권리가 있으니까요.

4가 가장 많다면

클레오파트라처럼 도전적인 스타일에 끌리는 군요. 애완용 뱀이 당신의 멋진 몸매를 감싸고 있으면 아무도 감히 대들지 못할 거예요. 옷으로 강한 면모를 드러내지만 여성적인 면도 지니고 있어요. 사람들은 당신을 여신으로 여기고, 제일 성공할 사람이라고 생각해요. 매력이 넘친다는 건 참 피곤한 일이에요.

5가 가장 많다면

당신은 마릴린 먼로처럼 화려한 패션을 즐길 거예요. 복잡한 스타일을 즐기는 당신은 다이아몬드를 주렁주렁 달고도 체육 시간에 슬램덩크를 할 수 있어요. 거울 앞에서 장난스럽게 키스하는 법을 연습할 때도 있지만 책을 읽어야 할 때도 분명히 알고 있지요.

6이 가장 많다면

당신은 패셔니스타 조세핀 베이커에게 가장 큰 영감을 받을 거예요. 파티를 사랑하고 댄스 플로어만 보면 누구보다 먼저 춤을 추지요. 남을 웃기는 걸 좋아하지만, 비웃음을 당하는 건 못참아요. 패션에 있어서도 겁이 없는 만큼 대담한 스타일을 좋아해서 동물 문양 프린트 타이즈나 빨간 에나멜 팔찌를 과감하게 착용해요.

화려한
등장

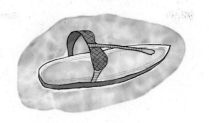

클레오파트라 7세

기원전 69-기원전 30년

*"클레오파트라는 타의 추종을 불허하는 절세미인이 아니었다.
보는 사람마다 놀라워할 만큼 아름답지도 않았다.
하지만 존재만으로도 치명적인 매력을 발산하는 여인이었다."*

플루타르코스가 묘사한 클레오파트라

기원전 48년, 이집트 여왕 클레오파트라 7세는 큰 곤경에 처했어요. 3년 전, 아버지 프톨레마이오스 12세가 세상을 떠난 데다가, 농경지에 물을 공급해 주던 나일 강이 범람하지 않아 이집트 전역에 기근이 들었지요. 수년간 돈을 흥청망청 써 버린 탓에 왕실 금고도 텅 비고 말았어요. 애완용 코끼리에게까지 황금 신발을 신길 정도였으니까요. 아, 남동생의 암살 위협도 빼놓을 수 없지요. 클레오파트라는 남동생을 피해 알렉산드리아의 왕궁을 빠져나와 아라비아*를 향해 남쪽으로 도망쳤어요.

프톨레마이오스 왕조는 마케도니아(그리스) 출신으로, 3백 년 가까이 이집트를 통치한 가문이었어요. 아버지인 프톨레마이오스 12세는 사망 전에 열여덟 살인 딸 클레오파트라 7세와 열 살인 아들 프톨레마이오스 13세에게 공동으로 이집트를 통치하라고 선포했어요. 하지만 남동생은 이를 탐탁지 않아 했지요. 클레오파트라와 왕권을 나눠 가질 생각이 없었던 거예요. 누나를 제거하고

*아라비아 : 오늘날의 쿠웨이트와 사우디아라비아를 비롯해 이라크 일부까지 포함한 지역.

혼자 통치하는 편이 훨씬 수월할 테니까요. 동생의 이런 의중을 파악한 클레오파트라는 도망칠 수밖에 없었지요. 하지만 클레오파트라는 싸워 보지도 않고 쫓겨날 사람이 아니었어요. 사막의 거센 바람에 하얀 리본 모양의 다이아뎀*이 벗겨지기 전에 왕위를 되찾을 계획을 세워, 일생일대의 복귀 무대를 연출하려 했지요. 후세에 길이길이 기억되도록 멋지게 말이에요.

운 좋게도 때마침 로마 장군 율리우스 카이사르의 강력한 군대가 죽은 프톨레마이오스 12세에게 진 빚을 회수하겠다며 알렉산드리아 해안에 상륙했어요. 클레오파트라는 카이사르를 자기 편으로 끌어들이기 위해 그와 독대하고자 했어요. 하지만 문제가 하나 있었어요. 남동생의 군대가 카이사르의 막사를 포위하고 있었던 거예요. 보석 박힌 샌들을 신고 카이사르의 막사로 향했다가 발각되기라도 하면 남동생은 코피시*를 꺼내기도 전에 그녀를 죽일 게 분명했어요. 변장해야만 했지요.

일설에 의하면 당시 클레오파트라는 가냘픈 몸에 양탄자를 두르고 가죽끈으로 묶은 차림을 했다고 해요. 하지만 다른 역사가들은 이집트의 여왕이 그렇게 격이 떨어지는 행색을 할 리가 없다며 그저 얼굴만 가렸을 거라고 주장해요. 몸을 가린 게 양탄자든 천이든, 클레오파트라는 들키지 않고 카이사르의 막사로 잠입하는 데 성공했지요.

사실 이 만남은 위험한 도박이었어요. 카이사르가 클레오파트라를 처형하라고 명령할 수도 있었거든요. 카이사르가 클레오파트라의 극적인 등장을 어떻게 생각했는지는 모르지만, 다음 날 두 사람은 무척 가까운 사이가 되어 있었어요. 그때부터 카이사르는 클레오파트라의 왕위 복귀를 지원했지요.

그런데 카이사르를 매료시킨 건 클레오파트라의

*다이아뎀 : 이집트 여왕이 쓰는 신성한 왕관.
*코피시 : 이집트에서 적을 벨 때 사용한 구부러진 칼.

18

미모였을까요? 할리우드에서는 오래전부터 클레오파트라를 얇은 베일로 얼굴을 가리고 보석을 주렁주렁 단, 우아하고 이국적인 여인으로 묘사했어요. 여기서 보석으로 치장했다는 이야기는 사실이에요. 클레오파트라는 왕실 바지선을 침몰시킬 정도로 많은 양의 진주와 보석, 금을 보유하고 있었거든요. 하지만 외모에 대해서는 아직 의견이 분분해요. 클레오파트라가 어떻게 생겼는지 확실히 아는 사람이 없기 때문이에요. 2000년 전에 클레오파트라의 통치를 기념해 발행된 동전을 보면 눈은 툭 튀어나오고 매부리코에 주걱턱과 굵은 목이 돋보이지요. 이에 대해 여러 역사가들은 기념 동전을 만든 주요 목적이 강력한 군주의 이미지를 심어 주기 위한 것이었다고 분석해요. 당시 이집트는 끊임없이 로마로부터 위협을 받고 있었거든요. 그런데 로마는 여성이 관료나 선거 후보가 될 권리가 없어서 여성 통치자를 경험해 본 적이 없는 나라였어요. 클레오파트라가 자신의 힘을 과시하려면 로마 인들이 생각하는 강력한 지도자의 모습, 즉 남성처럼 보여야 했지요.

여러 문헌의 기록을 봐도 클레오파트라의 외모는 뛰어나지 않았다고 해요. 로마 역사가인 플루타코스는 '보는 사람마다 놀라워할 만큼 아름답지는 않았다'고 서술했어요. 그러면서도 '사람을 끄는 매력'이 있다며 클레오파트라의 목소리를 '현이 여러 개인 악기'에 비유했는데, 이는 단순히 시적인 표현만은 아니었던 것 같아요. 클레오파트라는 '현이 여러 개인 악기'처럼 다재다능하기도 했거든요. 역사가들은 클레오파트라가 7~9개의 언어를 구사했고 천문학에 관한 논문까지 쓴 것으로 추정하고 있어요. 카이사르가 반한 건 이러한 재능과 지성, 그리고 무엇보다도 클레오파트라의 야망이었을 거예요. 특히나 야망은 두 사람의 공통적인 특징이었지요.

카이사르와 클레오파트라는 로마에서 한동안 행복한 시간을 보냈지만 이 관계는 오래가지 못했어요. 클레오파트라의 끝없는 야망에 비하면 찰나의 순간이었지요. 기원전 44년에 원로원 의원들이 카이사르를 암살하자 클레오파트라는 어린 아들을 데리고 이집트로 몸을 피했어요. 그리고 기원전 37년경에는 로마 장군 마르쿠스 안토니우스와 연인이자 정치 동맹자가 되어 소아시아를 정복해 이집트에 통합시켰어요. 안토니우스의 육군과 클레오파트라가 보낸 해군이 함께 이룬 성과였지요. 그런데 전쟁을 벌이려면 이집트 인들의 지지가 필요했어요. 클레오파트라

는 이집트 백성들이 자신을 돈에 굶주린 그리스 출신 독재자 대신 여신으로 봐 주기를 원했지요. 그렇다면 정당한 통치자의 이미지를 구축하기 위해 클레오파트라가 선택한 방법은 무엇이었을까요? 바로 패션이었어요! 이집트 통치자들은 대부분 '유리어스'라는 왕관을 썼어요. 유리어스는 이집트의 파라오를 지켜 준다는 암컷 코브라 두 마리가 우뚝 선 모습의 왕관이에요. 하지만 클레오파트라의 유리어스에는 코브라 세 마리가 자리잡고 있었지요. 그뿐 아니라 모성과 풍요, 마법의 여신인 이시스를 따라 알록달록한 옷을 입기 시작했고, 더 나아가 자신이 이시스의 환생이라고 주장하기도 했어요. 마법을 부릴 줄 알고 독사 세 마리의 수호를 받는 여신이라면 전쟁에서 질 리가 없겠지요? 하지만 클레오파트라는 패배했어요. 기원전 31년에 벌어진 악티움 해전에서 안토니우스의 함대가 로마의 옥타비아누스 장군에게 항복했고, 클레오파트라는 안토니우스와 함께 이집트로 도망쳤지요. 패배한 클레오파트라는 이제 왕위를 이어가는 건 기대조차 할 수 없었어요. 하지만 로마군에게 전쟁 포로로 잡혀 쇠사슬에 묶인 채 거리를 끌려갈 수는 없었지요. 일설에 의하면, 클레오파트라는 이집트 코브라 혹은 작은 독사를 무화과 바구니에 숨겨 궁전 안으로 몰래 들여갔어요. 그러고는 여왕의 복장을 하고 황금 소파에 누워 일부러 뱀에 물려 극적인 삶을 마감했어요.

비록 비극적인 최후를 맞았지만 클레오파트라는 지난 2천여 년 간 대중의 상상력을 자극했고, 수많은 영화와 소설, 셰익스피어의 유명한 희곡에 특별한 모습으로 남았어요. 초커 목걸이와 황금 팔찌, 글래디에이터 신발, 땋은 머리, 매끈한 흰색 드레스, 매력적인 '캣아이' 아이라인을 한 여신 스타일로 말이지요. 그리고 극적인 등장 못지않게 화려하게 퇴장해서 역사에 영원히 이름을 남겼어요.

클레오파트라는 코가 두드러지게 컸고, 벌꿀색의 피부는 납으로 하얗게 분칠했으며, 눈은 움푹 들어갔을 가능성이 커요. 머리와 눈썹에는 금빛 반짝이를 뿌리기도 했지요.

클레오파트라 스타일

스카라베
이집트의 수호 부적인
쇠똥구리 모양의 펜던트.

목에 감는 목걸이

다이아뎀

캣아이

연꽃

수많은 진주

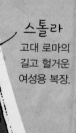

뱀 모양 팔찌

왕실 부채

**글래디에이터
샌들**

스톨라
고대 로마의
길고 헐거운
여성용 복장.

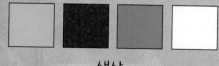

색상

모두의
이목을
집중시킨
여왕

엘리자베스 1세

1533-1603년

"나는 남편이 없는 여왕이 될 것이다!"

엘리자베스 1세

수많은 부인을 두었던 헨리 8세의 딸인 잉글랜드의 엘리자베스 공주는 여덟 살이라는 어린 나이에 자신의 죽마고우인 로버트 더들리에게 이렇게 선언했어요.

"나는 절대 결혼은 안 할 거야."

엘리자베스가 이렇게 말한 데에는 그럴 만한 이유가 있었어요. 친엄마 앤 불린과 새엄마 캐서린 하워드가 모두 왕과 결혼했다가 교수형을 당했거든요. 그러니 어린 엘리자베스가 결혼은 곧 죽음이라고 생각하는 것도 무리가 아니었지요. 물론 여덟 살짜리가 자신의 미래를 예측했다고는 아무도 믿지 않았어요. 하지만 무시할 만한 말은 아니었어요. 엘리자베스는 진심이었으니까요.

20년 후 여왕이 된 엘리자베스가 여전히 결혼을 거부하자 일이 심각해졌어요. 그 당시 왕족은 결혼을 통해 다른 나라와 정치 동맹을 맺어서 외세의 침략을 막았거든요. 게다가 사람들은 여자는 너무 연약하고 아둔하니까 남자가 이끌어 줘야 한다고 생각했어요. 엘리자베스의 선택은 정치적으로나 사회적으로나 나라에 큰 혼란을 가져올 일이었지요.

그럼에도 불구하고 엘리자베스는 결혼 사업에 전혀 관심이 없었어요. 자신은 잉글랜드와 결혼했다고 선포했지요. 말을 내뱉는 것만으로는 충분하지 않았던 엘리자베스는 옷차림으로 자신의 의지를 보여주기로 했어요. 그러고는 재임 기간 내내 자신의 패션을 통해 혼자서도 얼마든지 나라를 통치할 수 있다는 것을 보여 주었어요. 물론 그리 간단한 일은 아니었어요. 15세기에는 남성이 패션을 주도했으니까요. 아버지 헨리 8세가 잉글랜드의 군주였을 때만 해도 여성의 의상은 '커틀'이라고 하는 속옷 위에 단순한 스퀘어 넥 드레스를 입는 게 전부였어요. 물론 다양한 직물을 사용하기는 했지만요. 반면에 궁중 남성들은 달랐어요. 화려한 보석으로 장식한 '더블릿(짧은 상의)'을 입고, 어깨에는 커다란 패딩을 넣었으며, 다리를 강조하기 위해 몸에 딱 붙는 컬러풀한 바지를 입었지요. 이때는 아직 남성용 속옷이 발명되기 전이어서 이 바지는 남성의 주요 부위를 가리지 못해 '코드피스'라고 하는 패드를 넣은 주머니를 착용했어요. 코드피스는 점점 커져서 남성들이 방에 출입할 때 코드피스가 제일 먼저 들어갈 정도였어요.

엘리자베스는 모든 관심이 남성에게만 쏠리는 게 못마땅했어요. 그래서 여왕이 되자 여성복이 패션의 중심에 서도록 했고, 자신도 날이 갈수록 과감한 스타일을 택했어요. 드레스 소매에 패드를 넣어 한껏 부풀렸고, 치마에는 파딩게일이라고 하는 나무틀을 넣어 봉긋 솟아오르게 했어요. 또한 목둘레에는 커다란 주름 옷깃으로 감쌌고, 머리에는 나비 날개 같은 베일을 둘렀지요.

엘리자베스의 의상은 금실로 짠 드레스와 수많은 진주 장식, 다이아몬드로 덮인 보디스*, 머리카락에 붙인 보석, 자수를 놓은 장갑까지 보는 사람의 눈이 멀 정도로 반짝였어요. 게다가 평범한 왕관에 만족하지 않고 머리카락에 패드와 깃털을 넣어 키가 커 보이게 하는 효과도 주었지요. 특별히 중요한 의상의 경우에는 자신이 입은 모습을 그림으로 그리게 했어요. 어떤 초상화를 보면 눈과 귀로 장식한 드레스를 입고 있는데, 여왕은 모든 것을 보고 들을 수 있으니

*보디스 : 드레스의 상체 부분.

배신할 생각은 꿈에도 하지 말라는 일종의 경고 메시지였어요. 그리고 엘리자베스는 남성들에게 코드피스를 착용하지 못하게 했어요. 코드피스는 점점 크기가 작아지더니 결국에는 완전히 사라져 버렸지요.

오늘날의 하이패션처럼 당시에도 아무나 여왕처럼 입을 수는 없었어요. 하지만 엘리자베스의 총애를 갈구하는 신하들은 여왕을 최대한 따라하려고 애썼어요. 여왕이 선호하는 스타일에 맞춰 허리를 꽉 잡아맸고 소매가 기다란 드레스를 입었어요. 남성들조차 여왕을 따라 코르셋을 입어서 허리를 동여맸고, 여왕의 빨간색 머리를 따라 수염을 붉게 염색했지요.

엘리자베스 여왕은 말년에 2천 벌의 드레스와 628점의 보석, 셀 수 없이 많은 장갑, 그리고 80개의 가발을 소유했어요.(말년에 머리카락이 다 빠져 버렸거든요.) 이렇다 보니 엘리자베스 여왕이 패션에 상당한 재산을 쏟아부었다고 생각할 수도 있겠지만 그렇지 않았어요. 엘리자베스 여왕은 자신의 추종자들로 하여금 돈을 쓰도록 만들었거든요. 여왕의 환심을 사려면 사람들은 유행에 맞는 선물을 해야 했어요. 패션은 여왕에 대한 존경을 나타내는 수단이었던 셈이지요.

엘리자베스 여왕은 아름다운 것을 좋아했지만 그저 예뻐 보이는 패션을 추구하지는 않았어요. 여왕은 국가와

엘리자베스 여왕은 흰족제비와 함께 있는 초상화를 많이 그렸어요. 전설에 의하면 흰족제비는 하얀 털을 더럽히느니 차라리 죽음을 선택한다고 하거든요.

엘리자베스 시대에 천연두는 수많은 목숨을 앗아간 치명적인 전염병이었어요. 여왕도 통치 초기에 천연두에 걸려서 얼굴에 상처가 남았어요. 그래서 하얀 납 가루를 두껍게 발라 상처를 가렸다고 해요.

결혼한 '처녀 여왕'이라는 이미지를 구축하기 위한 정치 전략의 일부로 패션을 이용했거든요. 흰색은 순결의 상징이기 때문에 얼굴을 납으로 하얗게 칠했고, 주로 흰색과 검은색 드레스를 입었어요. 그리고 또 다른 순결의 상징인 하얀 진주로 온몸을 장식했어요. 그뿐만 아니라 성모 마리아의 상징인 흰 장미를 자신의 상징으로 차용했고, 의회에서 결혼을 요구하며 성가시게 했을 때는 긴 머리를 푼 초상화를 제작하기도 했지요. 15세기에는 결혼을 안 한 처녀들만 머리를 내렸거든요.

엘리자베스 여왕은 뛰어난 전략가였어요. 자신은 남자가 아닌 국가와 결혼했다고 백성들을 설득함으로써 강한 통치권을 획득한 거예요. 전략은 통했어요. 게다가 은색 흉갑을 차고 머리에는 하얀 깃털을 꽂은 차림으로 군대의 사기를 북돋웠고, 결국 영국군은 1588년에 스페인 군을 물리쳤지요. 또한 노련한 외교적 수완을 발휘해 통치 기간 대부분을 전쟁 없이 지낸 덕분에, 이 시기의 잉글랜드에는 문학과 예술, 과학, 해외 탐험 등이 크게 발전할 수 있었어요. 엘리자베스 여왕은 극작가 윌리엄 셰익스피어와 철학가이자 과학자인 프랜시스 베이컨, 탐험가 월터 롤리 등 뛰어난 인재들을 지원하기도 했어요. 엘리자베스 여왕의 즉위 초기에 잉글랜드는 종교 갈등으로 파산 상태였고, 해군의 힘도 약했어요. 하지만 여왕이 사망한 1603년의 잉글랜드는 초강대국이 되어 안정과 번영의 황금기를 누리게 되었답니다.

이 모든 것은 정치뿐만 아니라 스타일의 대가인 엘리자베스 여왕이었기에 가능한 일이었어요. 여왕의 패션은 오늘날로 치면 정치적 메시지를 홍보하는 역할을 했어요. 이처럼 엘리자베스 여왕은 영리하게 패션을 이용해 왕국의 유일한 주인으로서 권리를 행사했답니다.

여왕은 루바브 즙과 황산으로 머리를 염색했어요. 오늘날 부식성이 강한 물질로 알려진 황산은 탈모를 일으켰지요. 게다가 납 성분이 들어간 화장품 때문에 이마가 더 넓어졌어요. 당시에는 납으로 화장한 여성이 워낙 많아서 넓은 이마가 유행처럼 번졌어요.

"나는 여리고 가냘픈 여인의 몸을 지니고 있지만, 내 심장과 담력만은 왕의 것입니다."
스페인 군을 격퇴하기 전 자신의 군대 앞에서 펼친 엘리자베스 여왕의 틸버리 연설.

엘리자베스 1세 스타일

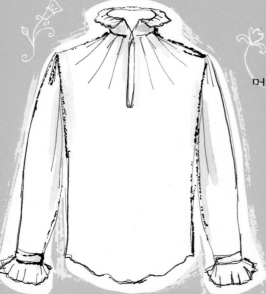

머리에 진주 장식

빨간 머리

하얀 메이크업

진주 목걸이

러프
주름 칼라.

하이넥 블라우스

깃털로 만든 부채

자수를 놓은 장갑

자수로 장식한 상의

튜더 장미
영국 왕실의 문장.

색상

하늘 높이
올린
머리 모양

마리 앙투아네트

1755-1793년

"하늘 아래 완전히 새로운 건 없어요. 다만 망각될 뿐이죠."

로즈 베르탱, 마리 앙투아네트의 의상 제작자

18세기에 프랑스 사람들은 감자에 손도 대지 않았어요. 더럽고 울퉁불퉁하고, 무엇보다도 나병을 일으킨다는 오해가 있었거든요. 하지만 마리 앙투아네트는 달랐어요.

프랑스의 화학자이자 약사인 앙투안 오귀스탱 파르망티에는 루이 16세와 왕비에게 맛있는 감자 요리를 대접해서 두 사람을 설득하려 했어요. 계속된 흉년으로 밀 수확량이 줄어들자, 감자가 빵을 대신해 굶주린 시민들의 배를 채울 대안이라고 생각했거든요. 감자를 두려워하는 사람들의 인식만 바꿀 수 있다면 말이에요. 그래서 파르망티에는 파티를 열어 맛있는 감자 요리들을 준비했어요. 그리고 마리 앙투아네트는 파티에 가기 위해 쿠아페르(미용사)와 함께 머리 모양을 꾸미기에 바빴어요.

마리 앙투아네트가 유행시킨 '푸프'라는 헤어스타일은 단순히 감고 말리면 되는 게 아니었어요. 한 번 치장하는 데 몇 시간씩 걸리기도 했거든요. 먼저 뜨거운 인두로 머리카락을 자글자글하게 지져서 부풀려요. 그리고 말 털로 만든 쿠션과 양털 뭉치, 철이나 나무로 된 구조물을 머리 위에 얹어요. 그 위에 자신의 진짜 머리카락은 물론이고 인모 가발과 말이나 야크의 털을 덮어요. 여기까지 했으면 이제 표면을 장식하는 가장 재미있는 순서만 남았어요. 마리 앙투아네트는 하얀 타조 깃털을 선호했지만 리본과 꽃, 식물, 보석도 사용했어요. 그리고 양고기의 지방과 납으로 만든 포마드로 머리를 고정했지요. 식물은 독특한 향을 풍기는 풀이었어요. 마지막으로 풀무*처럼 생긴 도구로 흰색이나 회색 가루를 뿌렸어요. 이렇게 몇 시간 동안 머리를 추어올리고, 부풀리고, 분칠하는 과정을 거친 뒤에야 장식용 머리가 완성되었어요.

그런데 이 머리 모양에는 몇 가지 단점이 있었어요. 우선 머리 높이만 1미터나 돼서 걷기조차 쉽지 않았어요. 마차에 타려면 강아지처럼 밖으로 고개를 내밀거나 바닥에 꿇어앉아야만 했어요. 그렇게 무도회에 도착하면 머리가 너무 높아서 출입문을 못 지나가는 경우도 있었어요. 왕비의 머리 모양을 따라 했다가 샹들리에의 불이 옮겨붙어 타 죽은 여자들도 있었어요. 여러모로 엄청나게 뜨거운 인기를 몰고 온 머리 모양이었지요.

마리 앙투아네트는 리본이나 레이스로 된 초커를 목에 둘러 패션을 완성했어요.

감자 파티가 열린 날, 왕비는 다행히 사고 없이 완벽한 머리 모양을 하고 등장했어요. 파르망티에는 루이 16세에게 허리 굽혀 인사하며 보라색 감자꽃 다발을 바쳤고, 왕은 그 즉시 잔가지 하나를 꺾어 왕비의 머리에 꽂았어요. 마리 앙투아네트는 감자꽃 장식을 마음에 들어 했지요. 이때부터 감자꽃 장식은 여왕의 전폭적인 사랑을 받으며 최신 유행 스타일이 되었고, 감자 요리도 새로운 별미로 주목받게 되었어요.

마리 앙투아네트가 추구한 혁신적인 패션은 머리 모양뿐만이 아니었어요. 1780년경 마리 앙투아네트는 '슈미즈'라는 품이 넓은 하얀 드레스를 입기 시작했어요. 상체를 꼭 죄는 보디스와 달리 얇은 모슬린 소재로 만들고 허리에 느슨한 띠를 두른 옷이었어요.(31쪽의 그림을 참조하세요.) 이

*풀무 : 불을 피울 때 바람을 일으키는 기구.

옷은 무엇보다 코르셋 없이 입는다는 점이 가장 큰 파장을 몰고 왔어요. 당시 코르셋은 등과 허리를 곧게 해 주는 기본 속옷이었거든요.

왕비가 '하의 속옷'만 입는다고 비판하는 사람도 많았어요. 하지만 이제 하층 계급 여성들도 마리 앙투아네트 스타일의 단순하고 하얀 드레스를 따라 입을 수 있게 되었어요. 패션으로 계급을 구분할 수 없게 된 건 프랑스 역사상 처음 있는 일이었어요. 하녀도 왕비와 똑같은 드레스를 입을 수 있었지요. 마리 앙투아네트의 도전 정신이 지나쳤던 걸까요? 왕비 같은 차림새가 아니어서 왕비 대우를 받지 못하게 되는 건 아닐까요? 하지만 마리 앙투아네트는 두려워하지 않았어요.

마리 앙투아네트는 자신의 '패션 장관'인 로즈 베르탱과 몇 시간이고 방에 틀어박혀 드레스 색상을 고안해내곤 했어요. 그때마다 파리의 더러운 길거리에서 따온 '파리의 진흙탕'과 마리 앙투아네트의 금발을 본뜬 '슈뵈 드 라 렌'* 같은 색상이 탄생했지요. 특히 회색빛을 띤 분홍색을 '피스(PUCE)'라고 했는데, 루이 16세가 이를 두고 벼룩이 생각 난다고 놀린 후로 크게 유행했어요. 피스가 프랑스 어로 벼룩이거든요. 더 재미있는 건 여자들이 앞 다투어 '카카 드 도팽' 색상의 실크 드레스를 주문하기도 했는데, 이는 신생아인 황태자 루이-샤를이 기저귀에 처음 싼 대변이라는 뜻으로 누런 갈색이었어요.

이처럼 패션의 아이콘이었던 마리 앙투아네트는 계속해서 새로운 스타일을

*슈뵈 드 라 렌: '왕비의 머리카락'이라는 뜻의 프랑스 어.

추구했어요. 하지만 곧 왕비로서의 인기는 곤두박질치고 말았지요. 겨울에 닥친 혹독한 추위로 농사가 망하고 프랑스 경제가 나빠져도 왕비는 패션에만 재산을 쏟아부었으니까요. 굶주리는 백성이 많아지자 왕비도 검소한 차림으로 바꿔야 한다는 걸 인식할 수밖에 없었어요. 의상비를 줄여 단순한 드레스를 입었고 정교한 머리 장식도 생략했지요. 하지만 때는 이미 늦었어요. 군중은 농사가 망한 걸 왕비 탓으로 돌렸어요. 게다가 상류층이 파르망티에의 감자 요리를 즐길 때도 백성들은 의심을 거두지 못하고 감자로 빵을 대신하기를 거부했어요.

높이 추어올린 머리 모양인 '푸프'를 조롱하는 노부인이 많아지자 나중에는 '라 그랑 메르'라는 스타일이 개발됐어요. 머리 모양을 못마땅해하는 할머니가 근처에 나타나면 풀어 내릴 수 있게 특수 스프링을 단 거예요. '라 그랑 메르'는 프랑스 어로 할머니라는 뜻이에요.

1789년이 되자 굶주린 백성들은 한계에 다다랐어요. 밀가루 가격이
천정부지로 치솟아 대부분의 백성은 빵을 사 먹을 수가 없었거든요. 사
치스러운 왕비에게 자신들이 불행해진 죄를 묻겠다며 5천여 명의 시민
이 베르사유 궁전으로 쳐들어갔어요. "왕비의 피부를 벗겨 리본 장식을
만들겠다!"라는 시민들의 외침이 쩌렁쩌렁 울려 퍼졌어요. 마리 앙투아네트
는 침실에 난 비밀 통로로 즉시 빠져나갔어요. 성난 군중이 침실 문을 부수고 들어
갔을 때는 왕비가 이미 탈출한 뒤였지요. 더욱 화가 난 시민들은 침대를 부수고 거울도 전부 깨
뜨렸어요.

마리 앙투아네트와 루이 16세는 얼마 뒤 두 자녀와 함께 파리로 끌려와 템플 교도소에 갇혔어
요. 1793년 1월 21일, 왕은 반역죄를 선고 받고 새로운 처형 기구인 단두대에서 죽음을 맞이했지
요. 단두대는 원래 사형을 좀 더 인도적으로 집행하려고 발명한 장치였어요. 하지만 덕분에 사형
이 너무 쉽고 빠르게 끝나서 단두대로 끌려온 부유한 귀족들은 채소 절단기로 토마토를 썰 듯 순
식간에 목이 잘려나갔지요. 루이 16세도 초기에 설계를 도왔지만 자신이 그곳에 목을 놓게 될 줄
은 꿈에도 생각하지 못했을 거예요. 그리고 1793년 10월 16일, 마리 앙투아네트도 역시 사형을 구
형받았지요. 그녀는 사형일에 입을 옷조차 세심하게 계획했어요. 수감된 상태에서도 마지막으로
선보일 패션을 준비한 거예요. 자연스럽게 늘어뜨린 드레스를 골랐는데, 색상은 진정한 순교자를
의미하는 흰색이었어요.

왕비가 죽은 뒤, 프랑스 여성들은 왕비를 따라 코르셋 없이 하얗고 느슨한 드레스를 입었고, 목
에는 빨간 리본을 맸어요. 마리 앙투아네트를 비롯해 프랑스 혁명에서 목숨을 잃은 많은 이들을
기리기 위해서였지요. 훗날 조세핀 보나파르트 황후가 이를 더 단순화하고 허리선을 높여 활동이
자유로운 '엠파이어 웨이스트' 드레스를 입기도 했지만, 이러한 패션 혁명을 처음 몰고 온 건 바로
마리 앙투아네트였어요.

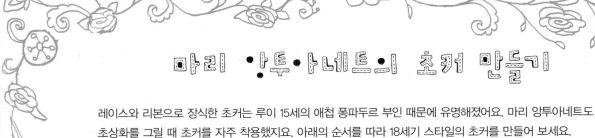

마리 앙투아네트의 초커 만들기

레이스와 리본으로 장식한 초커는 루이 15세의 애첩 퐁파두르 부인 때문에 유명해졌어요. 마리 앙투아네트도 초상화를 그릴 때 초커를 자주 착용했지요. 아래의 순서를 따라 18세기 스타일의 초커를 만들어 보세요.

 준비물

가느다란 리본

레이스 리본

섬유 접착제

부적, 깃털, 모조 다이아몬드, 천으로 만든 꽃

줄자나 일반 자

1단계
목둘레를 재고 길이에 맞게 레이스 리본을 자르세요.

2단계
측정한 목둘레에 38cm를 더한 길이만큼 가느다란 리본을 자르세요. 목둘레가 27cm라면 리본을 66cm로 잘라요.

3단계
접착제를 이용해 가느다란 리본을 레이스 리본에 붙이세요. 이때 레이스 리본이 가는 리본의 정중앙에 오도록 하고, 더 튼튼하게 하려면 두 리본이 겹쳐지는 양 끝단을 바늘로 꿰매요.

4단계
천으로 된 꽃이나 모조 다이아몬드 등을 앞면에 붙여요. 그리고 접착제가 마를 때까지 기다려요.

5단계
초커를 목에 두르고, 목 뒤편에서 가느다란 리본을 묶어준 다음, 무도회장으로 떠날 준비를 해요.

마리 앙투아네트 스타일

초커

진한 블러셔

페플럼 재킷
허리 아래에 주름을 넣은 재킷 스타일.

승마 바지
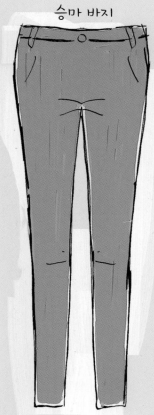

다이아몬드 귀고리

부채

레이스

주름 장식 구두

감자꽃

피스   파리의 진흙탕
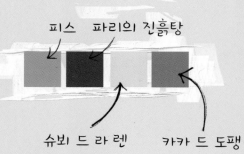

슈뵈 드 라 렌   카카 드 도팽

패션으로
내조한 안주인

돌리 매디슨
1768–1849년

"질투의 화신조차 돌리 앞에서는 무장 해제됐어요."

돌리 매디슨의 추종자

1814년 8월 24일, 돌리 매디슨은 미국의 승전보를 기다리며 백악관 옥상에서 작은 망원경을 꺼내 들었어요. 망원경을 통해 눈에 들어온 광경은 놀라웠어요. 뿌연 흙먼지가 자욱하고 대포 소리가 난무하는 가운데, 마차 행렬이 펜실베이니아 거리를 따라 도시를 빠져나가고 있었어요. 그곳에는 남녀 할 것 없이 공포에 질린 사람들로 가득했지요. 영국군이 며칠 전에 미국의 수도 워싱턴 D.C.에서 북쪽으로 56km 떨어진 곳에 상륙해 백악관을 향해 행군을 시작했거든요. 1812년에 시작된 영미 전쟁이 최고조에 이르렀던 이때, 돌리의 남편이자 미국 대통령인 제임스 매디슨은 시민군에 합류해 수도를 방어하려고 떠난 상태였어요. 4천 병력의 영국군이 코앞까지 진격해서 풍전등화와 같은 상황이었지요.

돌리는 남편의 정부 문서를 모조리 여행 가방에 넣어 마차에 실어달라고 했어요. 그러다가 조지 워싱턴의 초상화*를 올려다보고는 비서관들에게 비장한 목소리로 명령했어요.

"가능하면 저 그림을 지켜주시고, 만일의 사태가 오면 직접 파쇄하세요."

*조지 워싱턴의 초상화는 진품이 아닌 복제품이었어요. 그런데 돌리는 왜 한사코 그런 복제품을 지키려 했을까요? 그건, 단순한 그림이 아니라 미국의 자부심을 상징하는 초상화였기 때문이에요.

영국군이 미국 건국의 아버지인 조지 워싱턴의 초상화에 총알을 퍼붓지 못하게 하기 위함이었지요.

영국군은 백악관을 잿더미로 만들었어요. 남은 거라고는 대통령 관저의 뼈대밖에 없었지요. 하지만 조지 워싱턴의 초상화만은 살아남았고, 몇 년이 지나자 사람들은 돌리의 선견지명을 이해하게 되었어요. 비록 영국군에 의해 건물은 불탔지만, 미국의 자부심만큼은 훼손되지 않은 거예요. 사람들에게 희망과 의지를 불어넣는 상징의 힘을 돌리는 잘 알고 있었어요.

돌리 페인 토드 매디슨은 1768년 5월 20일에 노스캐롤라이나의 길퍼드 카운티에서 태어났어요. 패션과 거리가 먼 종교친우회인 '퀘이커' 공동체에서 자랐지요. 퀘이커 교도인 돌리는 정해진 규칙에 따라 검은색이나 회색의 수수한 드레스를 입고 하얀 앞치마를 맸어요. 머리에는 하얀 보닛을 쓰고 가슴은 하얀 손수건으로 가렸고요. 화려함과는 거리가 멀었어요. 1790년에는 같은 퀘이커 교도인 존 토드와 결혼해서 두 아이를 낳았어요. 하지만 3년 후, 필라델피아 지역에 황열병이 돌면서 막내아들과 남편을 잃었지요. 1800년대의 여자들은 재산을 소유할 수 없었기에 돌리는 옷가지라도 지키기 위해 채권자들과 싸워야 했어요. 게다가 고정적인 수입도 없어서 자신과 두 살짜리 아기를 부양할 사람을 찾아야만 했지요.

젊은 데다가 쾌활한 스물다섯 살의 돌리는 미망인으로 남을 운명은 아니었어요. 외출할 때마다 필라델피아의 내로라하는 총각들이 길게 늘어서 돌리를 쫓아다녔거든요. 그중에는 전도유망한 제임스 매디슨 의원도 있었어요. 제임스는 수줍은 성격이었지만 돌리를 보자마자 한눈에 반해서 만난 지 몇 달 만에 청혼했어요. 당시 퀘이커교에서는 외부인과의 결혼을 금지해서 제임스와 결혼하려면 종교를 버려야 했어요. 하지만 돌리는 크게 고민하지 않았어요. 엄격한 퀘이커교의 규범에서 벗어나 다양한 패션을 누릴 수 있는 절호의 기회가 왔으니까요.

돌리는 이 자유를 마음껏 즐겼어요! 어느 파티에
가도 그녀는 바로 눈에 띄었지요. 어깨에는 초록
색 앵무새가 앉아 있고, 까만 파마 머리에 화려
한 실크 터번을 두른 머리 꼭대기에는 위아래
로 흔들거리는 기다란 타조 깃털이 달려 있었
거든요. 돌리는 언제나 프랑스의 최신 유행을
따랐어요. 목 부분이 과감하게 파이고 허리선이 높은 엠파이어
드레스를 입었어요. 소재는 주로 실크나 얇은 리넨이었지요.
게다가 축제 분위기의 진한 빨강이나 연한 하늘색, 분홍,
연보라, 샛노랑 등의 색상을 즐겨 사용했어요. 또한 유
럽 귀족 사회의 상징인 다이아몬드를 치렁치렁하게
다는 대신 흰색이나 검은색 진주 목걸이를 걸었
어요. 오늘날 '고전적'이라고 평가되는 진주를
세련된 취향의 상징으로 만든 사람이 바
로 돌리였어요.

1808년 제임스 매디슨은 대통령 선거에 출
마했고, 돌리의 내조는 당선에 결정적인 역할을 했어요. 돌리는 유권자들을 끌어들이려고 파티를
열었고, 도시 전역에 명함을 뿌리고 다녔어요. 정치인의 부인들에게는 편지로 요리법을 물었는데,
그들의 협력을 끌어내려는 영리한 작전이었지요. 그리고 유능한 정치가답게 패션을 활용해 자기의
능력을 표출했어요. 돌리가 방안에 들어서면 공간이 꽉 차는 것만 같았지요. 머리에는 깃털을 달
아 키가 한층 커 보였고, 드레스 뒷자락은 길게 드리운 채 끌고 다녔거든요. 제임스 매디슨이 대통
령에 당선되자 상대 후보였던 찰스 C. 핀크니는 이렇게 비꼬기도 했어요.

"나는 매디슨 부부한테 졌어요. 제임스 매디슨하고만 붙었으면 내가 이겼을 확률이 더 높죠."

영부인이 된 돌리는 매주 파티를 열어 세간의 화제가 되었어요. 전국에서 손님이 몰려와 서로
최신 소식을 나누면서 펀치와 쿠키, 과일을 즐겼어요. 물론 돌리가 만든 인기 디저트인 아이스크
림도 빼놓을 수 없었지요. 수많은 정치인 내외가 몰려들어 응접실이 비좁을 만큼 가득 찬다고 해
서 '밀착 파티'라는 별칭까지 붙었어요.

이런 파티에는 중요한 목적이 하나 있었는데, 바로 평화 유지였어요. 1800년 대 초 워싱턴에서는 언쟁이 끊이지 않았거든요. 서로 정치적 견해가 다르면 결투에서 먼저 총을 뽑아 드는 쪽의 의견으로 타협을 보곤 했지요. 하지만 돌리의 파티에서는 누구도 총을 휘두르지 않았어요. 돌리는 시한폭탄을 해체하듯이 사람들의 화를 쉽게 누그러뜨렸어요. 남자들이 정치 문제로 다투기 시작하면 하얀 장갑을 흔들며 끼어들어서 장난스러운 미소로 펀치나 쿠키를 권했어요. 사람들은 돌리의 달콤함에 빠져들 수밖에 없었지요. 돌리는 가난한 농부에서 점잔 빼는 귀족까지 누구든 편안하게 대했어요. 이를 카리스마라고 표현하는 이들도 있지만, 돌리가 그만한 사랑을 받은 건 무엇보다도 친절한 성격 덕분이었어요.

두 번째 임기까지 마친 후 은퇴한 돌리와 제임스는 버지니아 주 몽펠리에로 내려가 생활했어요. 하지만 돌리를 향한 미국인들의 존경은 대단해서 명예 의석은 물론이고 전직 대통령에게만 부여되는 우편물 무료 송달 특권까지 주었어요.

1849년에 치러진 돌리의 장례식은 워싱턴 역사상 가장 성대했지요.

돌리의 매력 교실

1. **자기 자신을 남과 절대 비교하지 않기.** 돌리는 파티에서 제일 예쁘지는 않았지만 누구보다 행복한 여자였어요. 하루는 어느 정치인의 부인이 똑같은 드레스를 입고 나타났어요. 자존감이 약한 사람에게는 대재앙이었지요. 하지만 돌리는 "우리는 생각하는 게 같은가 봐요."라며 호의를 보였어요.

2. **사람들의 이름을 기억하기.** 돌리는 모든 사람의 이름과 취향을 외우는 습관이 있었어요. 사소한 사항까지 기억하면 손님들과 더욱 쉽게 대화를 이어갈 수 있답니다.

3. **대화를 이끌어내는 아이템 활용하기.** 돌리는 파티를 열 때마다 앵무새를 어깨에 얹은 채 책을 한 권 들고 나타났어요. 주로 미국 작가들의 책이었어요. 부끄러움이 많은 손님에게 말을 걸 때 책은 좋은 이야깃거리가 되거든요.

4. **손님들이 말다툼을 하면 펀치를 대접하기.** 아이스크림뿐만이 아니라 분위기를 가라앉힐 달콤한 디저트라면 뭐든 좋아요.

돌리 매디슨 스타일

엠파이어 웨이스트 드레스

앵무새

새까만
파마 머리

미소

깃털로 된
머리 장식

굴
아이스크림

흑진주

터번

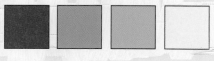

색상

편리하고

우아함의 만남

코코 샤넬

1883–1971년

"스스로 생각하는 건 가장 용감한 일이에요. 목소리를 크게 내세요."

코코 샤넬

런웨이 모델을 보고 지나치게 꾸민 사이보그 같아서 꺼려진다면, 당신에게도 샤넬의 정신이 깃들어 있는 거예요. 샤넬은 화려함보다 단순함을 선호했어요. 옷을 입은 여성보다 옷 자체에 관심을 두는 걸 혐오했어요. 옷까지 복잡하게 입지 않아도 샤넬의 삶은 이미 충분히 어지러웠거든요.

가브리엘 보네르 샤넬은 어두운 면을 지닌 소녀였어요. 틈만 나면 조용한 묘지에서 혼자 뛰어노는 걸 즐겼던 샤넬은 이런 말을 남겼어요.

"내가 처음으로 마음을 연 대상은 죽은 사람들이었어요."

샤넬은 어린 시절부터 죽음을 친숙하게 느꼈어요. 겨우 열한 살이 되던 해에 어머니가 세상을 떠났고, 아버지는 딸을 한 수녀원 문 앞에 썩은 감자 자루처럼 버려두고 떠났어요.

고아가 된 샤넬은 수녀원에서 단조로운 삶을 살았어요. 늘 두 손을 꼭 쥐고 기도하는 게 일상이었고, 풀을 먹여 목깃이 빳빳한 검은색 수녀복 때문에 온몸이 근질근질했어요. 샤넬은 훗날 이 시절에 대해 매일이 장례식 같았다고 회상했어요. 그렇지만 이때 수녀들에게 배운 바느질은 샤넬에게 큰 도움이 되었지요.

샤넬이 처음으로 가진 직업은 육군 장교복을 수선하는 재봉사였어요. 밤에는 동네 뮤직홀에서 노래를 불렀고요. 거기서 부른 노래 중에서 '퀴 쿠아 뷔 코코'라는 빠른 템포의 곡이 가장 인기가 있었는데, 덕분에 '코코'라는 별칭을 얻었어요. 혈기 왕성한 샤넬에게 잘 어울리는 이름이었지요. 샤넬은 가만히 있을 줄을 몰랐어요. 안장도 얹지 않은 말을 타고 무시무시한 속도로 달리고, 5kg이나 되는 물고기를 잡는가 하면, 머리를 짧게 자르고 태닝이라는 개념이 없던 때에 피부를 태웠으며, 활동이 자유로운 옷만 입었지요.

20세기 초에 대부분의 여성이 입던 속옷은 의도와는 다르게 몸을 이상한 형태로 구부러지게 만들었어요. 몸에 꽉 끼는 코르셋 위에 길고 좁은 치마를 입어야 했고, 소매가 부푼 블라우스에는 주름과 레이스, 핀턱*이 잔뜩 들어갔지요. 마치 육지로 내던져진 인어 같은 차림이었는데, 걷는 건 둘째치고 숨쉬기조차 힘들었어요. 샤넬은 그런 옷을 거들떠보지도 않았어요. 코르셋은 생략한 채 헐렁한 치마에 타이즈를 신었고, 남자친구의 옷장에서 꺼낸 재킷을 입었지요. 남자 옷을 입어야 활동에 제약이 없었거든요.

샤넬은 자신의 삶 속에 들어왔던 남자들에게서 큰 영감을 얻었어요. 그중 한 명인 보이 카펠은 헐렁한 스웨터를 즐겨 입었는데, 샤넬은 그 편안한 착용감에 감탄했지요. 하루는 몸이 추워서 보이의 스웨터를 꺼내 입었다가 옷에 매력을 더하려고 가위를 꺼내 들었어요. 스웨터의 가운데를 뚝 자르고 리본과 칼라를 달아 순식간에 세련된 드레스로 변신시켰지요. 그런 옷을 원하는 여성들이 많아지자 이제는 파리에 의상실을 열고 멋을 아는 여자들을 위한 옷을 만들었어요.

제1차 세계 대전이 일어난 뒤, 샤넬은 패션이 더욱 실용적으로 변해야 한다는 것을 간파했어요. 남자들이 전쟁터에 나가 있는 동안 점점 더 많은 여성들이 병원과 공장, 농장, 자동차 운전 일에 뛰어들었거든요. 여성복도 몸을 옥죄지 않는 편안한 소재로 만들 필요가 있었지요. 그래서 값싸고 주름 없는 저지가 진가를 인정받게 되

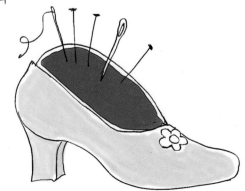

*핀턱 : 좁고 긴 주름.

었어요. 당시에 저지는 속옷에만 쓰이던 소재였기 때문에 존경 받는 상류층 여성들은 속옷에나 쓰이던 천으로 실크나 울, 캐시미어를 대신한다는 것은 상상조차 못했지요. 하지만 샤넬은 시대의 변화를 누구보다 잘 감지했어요. 가벼운 저지 소재로 깔끔한 드레스를 여러 벌 만들었고, 거기에 투톤 하이힐과 길게 늘어뜨린 진주 목걸이를 더하자, 샤넬만의 세련된 패션이 완성되었지요.

샤넬은 거기서 멈추지 않고 패션 쿠데타를 기획했어요. 검은색 크레이프 드신*을 사용한 거예요. 그것은 당시 나이 든 귀족 미망인의 장례식 복장에나 쓰이던 천이었어요. 하얀 리본에 묶어 항상 목에 걸고 다니는 가위를 이용해 이 천을 자르고 꿰매고 고정해서 단 90분 만에 간단한 드레스를 만들어냈어요. 〈보그〉 지에서는 이 리

"우아해지려면 우아하고 기품 있고 편안하게 움직일 수 있는 옷을 입어야죠." – 코코 샤넬

틀 블랙 드레스를 '샤넬의 포드 자동차'라 칭했고, 큰 노력 없이도 근사해 보여서 얼마 지나지 않아 모든 여성이 믿고 사는 패션 아이템이 되었지요.

하지만 샤넬이 거둔 가장 큰 성공은 예민한 후각에서 비롯됐다고 할 수 있어요. 1918년, 어느 저택에서 도서관을 수리하던 중에 르네상스 시대의 고문서 하나가 발견되었는데, 거기에는 마리 드 메디치 왕비가 사용하던 향수의 비밀 제조법이 담겨 있었지요. 샤넬은 6천 프랑(오늘날 가치로 환산하면 한화로 약 1천만 원)에 이 문서를 샀고, 조향사 어네스트 보를 고용했어요. 그렇게 개

*크레이프드신 : 프랑스 어로 '중국산 크레이프'라는 뜻으로, 18세기 초 프랑스에서 중국 원단을 모방해 만든 천이다.

발한 향수에 자신이 좋아하는 숫자를 따서 '샤넬 넘버5'라고 이름 붙였지요. 그러고는 사방에 그 향수를 뿌려댔어요. 백화점에서 느닷없이 향수 샘플을 내미는 판매원과 마주친 적이 있나요? 그 방식을 처음 고안한 사람이 바로 샤넬이에요. 누구든 샤넬과 함께 저녁을 먹으려면 샤넬 넘버 5의 세례를 피할 수 없었지요. 사람들은 "이 달콤한 냄새는 뭐죠?" 하고 궁금해하다가 결국 "어디서 살 수 있죠?"라고 물었어요. 오늘날 샤넬 넘버 5는 55초마다 하나씩 팔리는 세계적인 인기 상품이 되었지요.

샤넬은 죽을 때까지 일을 멈추지 않았어요. 계속 천을 자르고 꿰메고 고정하고 다듬으며, 편하고 우아한 옷을 만들었지요. 패션 스타일은 변해도 패션에 깃든 정신은 끝까지 고수했어요. 샤넬에게 패션이란 언제나 자유를 의미했어요. 그래서 진짜 삶을 살아가는 진짜 여성들을 위한 옷을 만들었어요. 여자들이 자전거를 타고, 기차 시간에 맞춰 뛰고, 탱고를 멋지게 출 수 있도록 말이에요. 옷장에서 리틀 블랙 드레스와 저지로 된 카디건을 꺼내 입고 긴 진주 목걸이를 했을 때 세상에서 가장 멋진 여자가 된 기분이 든다면, 이렇게 말해 보세요.

"고마워요, 샤넬."

코코 샤넬 스타일

샤넬 넘버 5

단발머리

다듬은 눈썹

퀼팅 백

진주 목걸이

동백꽃

무채색

리틀 블랙 드레스

보터 햇
납작한 밀짚모자.

투톤 펌프스

부클레 재킷
긴 털을 고리 모양으로 짠 직물.

보석

리틀 블랙 드레스 이야기

1930년대에는 조세핀 베이커 같은 신여성들이 구슬로 장식된 검은 드레스를 입었어요.

1884년, 화가 존 싱어 서전트가 그린 아베뉴 부인의 초상화가 파리에서 큰 논란을 불러일으켰어요. 그림 속 부인은 목이 깊게 파인 검은 드레스를 입었는데, 당시에 검은 옷은 상중에만 입었거든요.

1926년, 샤넬이 디자인한 검은색 시스 드레스*에는 '샤넬의 포드'라는 별명이 붙었어요. 당시에 대유행한 포드의 '모델 T' 자동차처럼 편안하고 다재다능하며 누구든 하나쯤 구매할 수 있는 가격이었거든요.

1940년대는 품이 넉넉하고 수수한 검은 드레스가 유행했어요. 전쟁 중이라 값비싼 장식을 금지해서 옷이 단순해졌어요.

*시스 드레스 : 신체에 밀착되는 단순한 형태의 드레스.

1950년대에 디자이너 크리스티앙 디오르는 허리를 잡아매고 치마를 풍성하게 부풀린 새로운 형태의 검은 드레스를 제작했어요.

1961년, 오드리 헵번은 몸에 딱 맞는 검은 드레스를 할리우드 패션의 전형으로 만들었어요.

1960년대 후반에서 1970년대 초반에는 드레스 길이가 짧아졌어요. 그것도 아주 많이요. 검은 미니드레스가 탄생한 거예요.

1990년대에 검은 드레스는 몸에 더욱 밀착되는 간소한 스타일로 변했어요. 여기에 군화나 망사 스타킹을 신어서 멋스럽고 자유분방한 스타일을 표현했지요.

오늘날에도 검은 드레스는 유행에 상관없이 입는 대표적인 옷이에요.

안나 메이 웡

1905-1961년

"내 정신과 영혼을 최대한으로 발휘하며 살고 싶어요."

안나 메이 웡

"컷!"

리 에프라임 감독이 외쳤어요. 여주인공인 안나 메이 웡의 걸음걸이가 마음에 들지 않았거든요. 안나 메이는 '민 리'라는 중국 여자 역할을 맡았는데, 감독은 게이샤*처럼 조심스러운 종종걸음을 요구했어요. 게이샤는 다정하고 요염하면서 언제나 고분고분해야 했지요. 하지만 문제가 하나 있었어요. 게이샤는 일본인이지 중국인이 아니었어요. 안나 메이는 감독에게 중국 여자는 정상적인 보폭으로 걷는다고 차분히 설명했어요. 영화감독에게 중국 문화를 가르치는 일은 그 후로도 계속되었어요.

안나 메이 웡은 1905년 1월 3일, 로스앤젤레스의 차이나타운 외곽에서 태어났어요. 어린 시절부터 아버지의 세탁소에서 3.5kg짜리 다리미로 옷을 다렸고, 습기 때문에 미끄러운 바닥에서 넘어지지 않으려고 늘 조심해야 했지요. 세탁과 다림질이 끝나면 세탁물을 담은 광주리를 끌고 로스앤젤레스의 뜨거운 태양이 내리쬐는 언덕길을 올랐어요. 머리를 허리까지 땋아 늘어뜨린 천진난만한 여자애가 안쓰러웠던 손님들은 한두 푼씩 팁을 챙겨 주기도 했어요. 그렇게 해서 땀범벅인 손안에

*게이샤 : 노래와 춤, 악기 연주, 대화로 연희의 흥을 돋우던 일본의 기녀.

인공 조명이 발명되기 전에는 영화를 촬영할 때 자연광인 햇빛이 필수였어요.
그래서 다른 어느 지역보다 일조량이 많은 로스앤젤레스가 영화 산업의 중심지였지요.

5센트가 모이면 영화관에 갈 수 있었지요.
당시 안나 메이가 보던 영화는 오늘날
의 영화와는 달랐어요. 화면은 흑백이고 상
영 시간도 10~12분 정도였지요. 이런 초기의 영
화를 '무성 영화'라고 해요.

하지만 무성 영화라는 말은 약간 오해의 소지가 있어요.
영화 속 배우들이 말을 하지는 않아도 극장 안은 피아노와 바
이올린, 풍금 등의 악기 소리로 가득했거든요. 규모가 큰 영화는 풀 오케스트라가
극장에서 영화 음악을 연주하기도 했어요. 무성 영화에서 배우들은 비록 대화는
없지만 생생한 표정으로 감정을 전달했어요. 집으로 돌아온 안나 메이
는 거울을 보며 배우들의 극적인 감정 표현을 연습했어요.

가끔은 학교 수업을 빼먹으며 동네에서 찍는 영화를 구경했고, 어
떤 촬영장에는 매일 출근하다시피 해서 배우들은 메이를 '신비한 중
국 아이'라고 불렀지요. 그러던 어느 날, 이런 불굴의 의지 덕분에 드
디어 〈레드 랜턴〉이라는 영화에 300명의 엑스트라 중 한 명으로 뽑
혔어요. 단역이었지만 처음으로 배역을 맡아 기쁜 마음에 집으로 달
려가 어머니가 쓰는 쌀가루로 얼굴에 분칠을 했어요. 메이크업 담당
자는 그 모습을 보고 껄껄 웃더니 안나 메이를 앉혀 놓고 귀신 같
은 분장을 전부 지웠어요.

안나 메이는 그 후로도 작은 역할을 전전하다가 〈톨 오브 더 시
(The Toll of the Sea, 1922)〉라는 영화에서 처음 주연을 맡았어요.
바닷가로 떠내려 온 미국 남자와 사랑에 빠지는 중국 소녀 로터스 플라워(연꽃) 역이
었지요. 하지만 당시 캘리포니아 주는 서로 다른 인종 간의 결혼을 금지했고, 연인으
로 지내는 것조차 사람들에게 비난을 받았어요. 안나 메이는 영화에서 남자 주인공과

안나 메이는 일상의 물건들을 장신구로 활용해 자신만의 패션을 표현했어요.
귀 뒤에 수레국화를 꽂고 피아노 커버로 드레스를 만들어 입기도 했어요.

결혼할 수 없었고, 다른 인종 간의 키스 장면을 금지한 할리우드
의 규정 때문에 키스도 할 수 없었지요. 그래서 로맨스 영화
의 여주인공이 중국인일 때조차 안나 메이는 중국인이
아닌 다른 배우에게 역할을 빼앗기기 일쑤였어요.
백인 여배우들과 같은 배역을 맡을 수 없었
던 안나 메이에게는 극과 극인 두 종류
의 역할만 주어졌어요. 남을 속이
는 사악한 '드래곤 레이디'나 순
종적이고 때로는 연약해 보이는
'동양인 인형' 역할이었지요. 이
렇게 정형화된 배역을 맡는 것이
마뜩지 않았던 메이는 동양인을 비현실
적으로 다루는 역할은 거절하기 시작했어요.
1928년에는 차별 받지 않고 활동하기 위해
미국을 떠나 유럽 전역을 돌아다니며 영화를 찍었
어요. 유럽에서 메이는 연기만이 아니라 화려한 패션으
로 인정을 받았어요. 파리 여성들은 안나 메이를 따라 중
국식 드레스를 입고 실크 터번을 두르며 긴 망토를
걸쳤지요. 런던 여자들은 앞머리를 짧고 풍성
하게 자르고 나머지는 뒤로 동그랗게 말았으
며, 얼굴은 황토색으로 물들여 '웡 피부색'
을 만들기도 했어요.
마침내 미국으로 돌아왔을 때, 안나 메이는 자신이
중국인 혈통이라는 것에 더 큰 자부심을 가졌어요. 영화
사 간부들이 배역을 위해 머리 모양을 바꾸라고 해도
거부했지요. 외모를 미국인처럼 바꾸고 싶지 않
았거든요. 게다가 중국 전통 의상을 입

영화 〈라임하우스 블루스〉의
홍보 사진을 찍을 때, 안나 메이는
용을 금박과 은박으로 장식한
검은색 드레스를 입었어요.

53

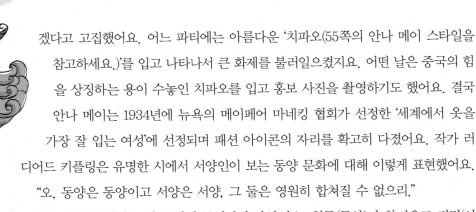

겠다고 고집했어요. 어느 파티에는 아름다운 '치파오(55쪽의 안나 메이 스타일을 참고하세요.)'를 입고 나타나서 큰 화제를 불러일으켰지요. 어떤 날은 중국의 힘을 상징하는 용이 수놓인 치파오를 입고 홍보 사진을 촬영하기도 했어요. 결국 안나 메이는 1934년에 뉴욕의 메이페어 마네킹 협회가 선정한 '세계에서 옷을 가장 잘 입는 여성'에 선정되며 패션 아이콘의 자리를 확고히 다졌어요. 작가 러디어드 키플링은 유명한 시에서 서양인이 보는 동양 문화에 대해 이렇게 표현했어요. "오, 동양은 동양이고 서양은 서양, 그 둘은 영원히 합쳐질 수 없으리."

하지만 안나 메이는 이 구절에 동의하지 않았어요. 혈통(동양)과 할리우드 경력(서양)을 통해 양쪽 세계에 다리를 걸치고 있었으니까요. 그러면서 자신은 '동양 문화에서 태어나 자랐지만 일상생활은 모든 면에서 서양식'이라고 밝혔지요. 또한 하룻밤 안에 세상을 바꿀 수는 없지만 패션으로 동양의 이국적인 문화와 할리우드의 매력을 결합할 수 있다고 믿었어요. 패션을 통해 동양과 서양 사이의 틈을 매운 거예요.

안나 메이의 스타일 조언

안나 메이는 미국 전역을 돌며 동양적인 미의 비결에 대해 강의했어요. 그중에는 간혹 우스꽝스러운 노하우도 있었지요. 눈에 힘을 기르려면 금붕어를 집중해서 바라보고, 주름을 방지하려면 가죽 베개를 쓰라고 말이에요. 하지만 오늘날에도 유용할 만한 비법도 많답니다.

1. **솔 모양의 브러시 대신 빗살이 가는 빗을 사용하세요.** 머리가 젖었을 때는 그래야만 모발 손상을 최소화할 수 있어요.

2. **머리를 매일 감지 마세요.** 자연스럽게 발생하는 기름을 빼앗아서 모발을 건조하고 부스스하게 만들거든요.

3. **두피와 모발을 식물성 오일로 마사지하세요.** 식물성 오일을 린스로 사용해도 좋아요. 특히 코코넛 오일이 효과가 가장 좋아요. 바르고 한 시간쯤 내버려 둔 후에 씻어 내세요.

4. **앞머리를 짧고 풍성한 블런트 뱅으로 꾸미세요.** 블런트 뱅을 만들려고 머리를 자를 필요는 없어요. 클립형 붙임 머리를 이용하면 어떤 머리 모양에든 앞머리를 붙일 수 있어요.

5. **머리를 꽃이나 보석으로 장식하세요.** 머리 모양에 구애받지 않고 쾌활한 분위기를 낼 수 있어요.

안나 메이 스타일

블런트 뱅

이국적인 눈

하이칼라

빨간
립스틱

빨간
매니큐어

수레국화

부채

치파오

용 무늬

화려한 왕관

색상

검은
비너스

조세핀 베이커
1906-1975년

"아름답다고요? 운이 좋았을 뿐이에요. 예쁜 다리를 갖고 태어났으니까요. 하지만
나머지는······ 딱히 아름답지 않아요. 오히려 유쾌한 편이죠."

조세핀 베이커

1926년, 조세핀 베이커가 파리에서 가장 유명한 댄스홀 폴리 베르제르에서 첫 공연을 하는 날
이었어요. 의상 담당자들이 여러 가지 스케치를 보여 주고 또 보여주었어요. 하나같이 깃털과 보석
을 휘감은 화려한 드레스였지만 조세핀은 전부 퇴짜를 놓았어요. 조세핀에게는 무언가 특별한 게
필요했거든요. 깃털로는 만족할 수 없었지요.

커튼이 올라가자 무대 배경이 모습을 드러냈어요. 새파랗게 맑은 물 위에 나무 덩굴이 뻗은 정
글의 모습이었지요. 북소리가 천천히 울려 퍼지는 가운데 쓰러진 나무 뒤에서 조세핀이 기어 나왔
어요. 그 모습은 마치 먹잇감에게 다가가는 호랑이처럼 우아했지요. 그리고 별안간 맨발로 뛰어나
와서는 엉덩이를 빠른 속도로 빙빙 돌렸어요. 허리춤에 찬 벨트에는 바나나가 매달려 있었고요.

관객들은 벌떡 일어나서 배를 잡고 웃었어요. 나중에 왜 그런 우스꽝스러운 분장을 했는지 묻
자 조세핀은 이렇게 말했어요.

"사람들이 걱정을 털어냈으면 좋겠어서요. 강아지가 몸을 흔들어 벼룩을 털어내듯이요."

효과는 분명히 있었어요. 여자들은 조세핀처럼 머리를 짧게 자르고 찰스턴*을 추면서 자유를 만끽했어요. 광고주들도 이러한 움직임을 눈치채고, 조세핀의 얼굴을 이용해 로션과 인형, 요리책, 여름휴가 상품을 팔았어요. 백인 여성들은 태닝으로 '베이커 피부색'을 따라했고, '베이커 픽스'라는 포마드 제품을 사서 이마에 달라붙는 곱슬머리를 연출했어요. 프랑스 역사상 처음으로 흑인이 미의 기준이 된 거예요.

프레다 조세핀 맥도널드는 1906년에 미국 세인트루이스의 흑인 거주 구역에서 태어나 수많은 역경을 겪었어요. 집이 너무 가난해서 겨울이면 쓰레기통을 뒤져 먹을 것을 찾았고, 돌돌 만 신문이나 따가운 석탄 포대로 신발을 만들어 신어야 했어요. 그러던 중 1917년 5월, 조세핀의 동네에서 인종 차별적인 폭동이 일어났어요. 이스트 세인트루이스의 거리를 점령한 백인들이 건물을 때려 부수고 흑인 39명을 살해했지요. 조세핀은 어머니와 형제들을 따라 다른 도시로 도망쳤어요.

조세핀은 인종 차별을 당한 기억을 잊으려고 오렌지 상자 위에 올라 장난스러운 콘서트를 열곤 했어요. 그때는 이 빼빼 마른 아이가 훗날 '검은 비너스'이자 재즈계의 떠오르는 스타가 될 줄은 아무도 몰랐지요. 그리고 드디어 뉴욕에서 처음으로 찰스턴 공연을 했지만 뾰족한 무릎과 짙은 피부색 때문에 관객들에게 '원숭이 같다'는 평을 들었어요. 조세핀은 이런 말을 한 귀로 흘려들었어요. 자유로운 영혼답게 인종 차별을 당했다는 모욕감에 사로잡혀 있지 않았지요.

1925년, 파리로 간 조세핀이 샹젤리제 극장에서 공연하자 큰 소란이 일어났어요. 분홍색 깃털 스커트를 입고 진주 목걸이를 줄줄이 걸고는, 다리를 높이 차올리고 무릎을 안팎으로 흔들며 파격적인 찰스턴 춤을 선보였거든요. 폴리 베르제르 뮤직홀로 옮겨간 뒤로는 깃털 대신 바나나 스커

*찰스턴 : 1920년대에 유행한 빠른 템포의 재즈 댄스.

58

트를 입어 자신의 상징으로 만들었지요. 조세핀은 파리에서 깔끔하고 기하학적인 선이 특징인 아르데코 패션에 푹 빠졌어요. 하지만 드레스 디자인을 남들에게 맡기고 물러나 있지는 않았어요. 그래서 유명 디자이너인 폴 푸아레도 곤욕을 치렀지요. 개인 패션쇼에 초대해 여러 드레스를 보여 주었지만 조세핀이 심드렁한 반응을 보였던 거예요. 조세핀은 펜과 종이를 달라고 하더니, 짧은 선을 몇 개 쓱쓱 그어서 단순한 시프트 드레스*를 그리고 밑단에는 술 장식을 둘렀어요. 주위에 있던 사람들은 조세핀의 무례한 행동에 입을 다물지 못했어요. 하지만 푸아레는 달랐어요. 조세핀을 바라보며 이렇게 말했지요.

"고마워요. 당신의 아이디어를 채택하겠어요. 이 드레스는 '조세핀 베이커 드레스'라고 부를게요."

전체가 연한 분홍색이면서 술 장식이 두 줄 들어간 이 드레스는 파리의 패션계에서 큰 인기를 끌었어요.

조세핀은 영화에서 주인공을 맡은 최초의 흑인 여성으로, 총 7편의 영화를 찍었어요. 1931년에는 히트곡인 〈나의 두 사랑〉을 녹음했지요. 조세핀은 어린 시절의 고향인 미국과 새로운 고향인 파리를 매우 사랑했어요. 하지만 미국을 향한 조세핀의 마음은 짝사랑으로 그칠 때가 많았지요. 한번은 미국 투어를 갔는데, 호텔마다 방을 내주지 않으려고 했어요. 유럽에서 스타로 대접 받던 조세핀은 최고급 호텔을 제공하지 않는 도시에서는 공연을 하지 않겠다고 선언했어요. 또한 극장에 온 관객을 차별하지 말라고 요구했고, 이 요청을 거절한

밀리터리 스타일 : 조세핀은 성 역할을 바꾸는 데도 두려움이 없었어요. 프랑스 남자처럼 보이려고 짧은 머리를 한쪽으로 넘기고 정장용 모자를 썼어요. 1963년에 워싱턴에서 열린 인권 행진에는 프랑스 레지스탕스 군복 차림으로 참석했어요. 그 후로도 자주 군복 스타일의 재킷을 걸치거나 셔츠에 군복 단추를 달았지요.

---

*시프트 드레스 : 허리선이 들어가지 않은 일자형 드레스.

도시에서는 조세핀의 공연을 볼 수 없었어요. 관객들이 피부색과 관계없이 어우러져 공연을 즐기게 하려고 자신의 위상을 활용한 거예요.

왕실 바지선을 보석으로 가득 채운 클레오파트라처럼 조세핀은 닭 볏 요리와 샴페인을 즐기며 여왕 같은 이미지를 만들었어요. 식사 자리에는 향수를 뿌린 애완용 돼지도 데리고 다녔지요. 그리고 프랑스 아키텐 지방의 높은 언덕에 자리 잡은 성을 샀는데, 15세기에 지어진 건물로 방이 무려 50개나 있었어요. 공연이 없을 때면 비행기를 타고 여행하거나 애완용 표범 두 마리와 샹젤리제 거리를 산책하고, 애완용 치타와 함께 오페라를 감상하거나, 자신의 구릿빛 승용차를 타고 파리 시내를 돌아다녔지요.

한편 조세핀은 제2차 세계 대전 동안 점령군인 나치 독일에 저항하는 프랑스 레지스탕스의 스파이로도 활동했어요. 깃털로 몸을 치장하고 나치군을 유혹해서 적의 기밀을 캐낸 다

La Baker

음, 투명 잉크로 암호화된 메시지를 적어 프랑스 레지스탕스의 지도자들에게 몰래 전달한 거예요. 극비 사항을 적은 종이를 속옷 안에 숨겨 운반하기도 했어요. 천하의 조세핀 베이커에게 알몸 수색을 요구하지는 않을 거라는 배짱이 있었거든요. 다행히 그런 일은 없었어요.

조세핀은 부유하게 살았던 만큼 사랑도 널리 베풀었어요. 1938년 겨울, 파리 전역이 경기 침체에 빠졌을 때 트럭을 하나 빌려서 빈곤에 시달리는 교외의 이웃들에게 감자와 빵, 석탄, 장난감을 나누어 주었어요. 전쟁이 끝나고는 미국으로 돌아가서 마틴 루터 킹 주니어와 함께 연단에서 흑인 평등을 외쳤고, 세인트루이스에서는 인종 간 차별 교육을 없애기 위한 자선 콘서트도 열었어요. 또한 1950년대에는 서로 다른 인종의 아이들을 열두 명이나 입양해서 '무지개 부족'이라고 불렀지요.

흑인은 백인이 다니는 미용실에 출입조차 못하던 시기에 조세핀은 열정적인 춤으로 수백만 명의 마음을 사로잡았어요. 청혼한 남자만 2천 명이 넘는데, 어떤 왕은 조세핀을 위해 후궁도 모두 포기하겠다고 맹세하기도 했지요.

피카소는 조세핀이 '커피색 피부'와 '다른 모든 미소를 앗아갈 만한 미소'를 지녔다고 했어요. 헤밍웨이는 '역사상 가장 크게 세상을 들끓게 한 여인'이라고 회상했고요. 지금까지도 이 평가는 여전히 유효하답니다.

조세핀 베이커의 핀컬 만들기

준비물

헤어클립

꼬리 빗

물

1단계
잠들기 전에 머리를 감고, 물기가 살짝 남을 때까지 헤어드라이어의 찬바람으로 말려요.

2단계
빗 꼬리를 이용해서 머리카락을 2.5cm씩 나누고 물을 뿌려요. 조세핀의 원래 방식대로 하려면 물이 아니라 침을 이용해도 좋아요.

3단계
머리카락을 두피에 바짝 붙인 채, 손가락에 둘둘 말아요. 말린 머리를 손가락에서 빼고 헤어클립이나 헤어핀으로 고정해요.

4단계
정수리를 따라 2.5cm씩 계속 말아요. 한 줄의 컬은 모두 같은 방향으로 돌려야 해요.

5단계
스카프로 머리를 감싸고 핀컬을 한 채 자면 돼요. 아침에 일어나면 핀을 빼 주세요.

조세핀 베이커 스타일

진주 목걸이

드롭 웨이스트 드레스
허리선이 낮은 드레스.

핀컬

깃털

바나나

색상

아르데코 스타일
귀고리

T 스트랩 신발

표범 무늬 클러치

빨간
립스틱

캐서린 헵번
1907-2003년

"규율만 따르며 살면 재미를 놓칠 수밖에 없어요."

캐서린 헵번

할리우드 스튜디오 간부들은 도저히 캐서린을 그냥 놔둘 수가 없었어요. 여주인공이 요조숙녀처럼 보이기를 바랐거든요. 과도한 여성성을 강조한 1930-1940년대에는 벌에 쏘인 것처럼 두툼한 입술과 뾰족한 브래지어, 거들, 가터, 스타킹, 그리고 무엇보다 실용적인 스커트가 필수였어요. 그런데 빼빼 마른 캐서린 헵번은 투박한 바지만 입고 다녔어요. 바로 청바지였지요. 그건 있을 수 없는 일이었어요. 당시에는 교양 있는 숙녀는 청바지를 입어서는 안 된다고 여겼거든요.

스튜디오 제작진은 행동에 나섰어요. 캐서린이 탈의실을 비운 사이에 청바지를 없애버린 거예요. 이를 눈치챈 캐서린은 바지를 돌려주지 않으면 알몸으로 탈의실을 나가겠다고 협박했어요. 제작진도 물러서지 않았어요. 설마 나오겠나 싶었던 거예요. 하지만 정말로 나왔어요. 캐서린이 실크 속옷만 걸친 채 도도한 콧날을 높이 들고 탈의실에서 뛰어나온 거예요. 제작진은 결국 항복했어요. 그리고 다시는 그런 방해 작전을 펴지 않았지요.

캐서린 호턴 헵번은 주근깨투성이에 빼빼 마른 빨간 머리 소녀 시절부터 세련된 톰보이 스타일을 고집했어요. 당시 대부분의 숙녀에게 운동이란 찻잔을 들어 올리는 정도가 전부였는데, 캐서린은 여행을 다니며 절벽에서 뛰어내렸고, 웬만한 사립학교 남학생들보다 골프 클럽을 잘 휘둘렀어요. 문제아인 캐서린이 가장 즐겨 입던 옷은 바지와 오빠인 톰의 옷장에서 꺼낸 흰색 오버사이즈 셔츠였어요. 여덟 살 때는 긴 머리를 자르고 가족들에게 자기를 '지미'로 불러 달라고 했지요.

코네티컷의 하트퍼드 마을은 순식간에 '지미'에 대한 소문으로 들끓었어요. 그래도 캐서린의 부모는 딸의 창의적인 생각을 꺾지 않았어요. 캐서린이 오빠 옷을 입고 등교했다가 집으로 돌려보내졌을 때, 캐서린의 어머니는 그 옷차림 그대로 다시 학교로 보냈지요. 캐서린이 또 나무에 올라갔다고 이웃에서 걱정스럽게 알려 왔을 때도 어머니는 그저 이렇게 말했어요.

"네, 저도 알아요. 애를 놀라게 하진 마세요. 캐서린은 그게 위험한 건지 모르거든요."

캐서린이 마주한 가장 큰 위험은 하이힐과 스타킹이었어요. 캐서린은 그것들을 악마의 창조물이라고 불렀어요. 캐서린은 화려한 치장보다 실용성이 더 중요했거든요. 캘빈 클라인과 가진 인터뷰에서는 이렇게 털어놓기도 했어요.

"스커트가 끔찍하다는 건 이미 오래 전에 깨달았어요. 남자들이 치마 입은 여자가 좋다고 하면 전 이렇게 대꾸해요. '입어 봐요. 치마를 한번 입어 보라고요.'"

캐서린은 언제나 치마보다 바지를 선호했어요. 영화 리허설에도 옷핀을 찔러 품을 맞춘 헐

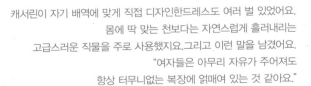

캐서린이 자기 배역에 맞게 직접 디자인한 드레스도 여러 벌 있었어요.
몸에 딱 맞는 천보다는 자연스럽게 흘러내리는
고급스러운 직물을 주로 사용했지요. 그리고 이런 말을 남겼어요.
"여자들은 아무리 자유가 주어져도
항상 터무니없는 복장에 얽매여 있는 것 같아요."

1985년에 미국 패션 디자이너 협회는 캐서린에게 평생 공로상을 수여했어요.
캐서린은 환하게 웃으며 이렇게 수상 소감을 밝혔어요.
"저같이 불량한 옷차림으로 다닌 여자가 상을 받다니
정말 굉장한 장면을 목격하고 계신 거예요."

렁한 스웨터에 통이 넓은 바지를 입고 나타나곤 했지
요. 그러자 어느 감독은 드레스를 입기 전까지 무
대에 올라오지 말라고 명령했어요. 이에 캐서린은
무대 뒤에서 포대 자루를 찾아 드레스를 만들어
입고 나왔지요. 그렇다고 캐서린이 남성 지향적인
스타일을 고수한 건 아니에요. 캐서린은 캐주얼
한 옷을 입을 때도 여성스러운 부드러움을 놓
치지 않았어요. 재킷을 입으면 예쁜 단추로
허리를 꽉 조였어요. 게다가 의상 디자이
너에게 건넬 요구사항을 상세하게 메모
했고, 노란 유선 종이에 자신의 아이
디어를 스케치했지요.

　다만 그런 자신만만한 태도가 모
두에게 통한 건 아니었어요. 1930년
대에 출연한 영화 몇 편이 흥행에
참패한 후, 캐서린은 '박스 오피스
의 독'이라고 낙인 찍혔지요. 하지만
캐서린은 누군가가 자신을 부족하다
고 지적해도 비판을 개의치 않고 더 열
심히 일했어요. 그리고 이렇게 속마음을
털어놓았어요.

　"아무렇지도 않은 척하는 거예요."
　캐서린도 신경이 쓰였지만 남들이 알아
채지 못하게 했어요. 대신 멋진 복귀작
을 준비했지요. 그렇게 해서 〈필라델피

아 스토리(1940)〉로 흥행에 성공한 후로는 아카데미 여우주연상을 4회나 수상했어요.

　　오늘날에는 바람 따라 떠도는 듯한 자유분방한 스타일을 패션 카탈로그에서 쉽게 찾아볼 수 있지만, 캐서린이 활동하던 때에는 저항이 심했어요. 1940년대의 관객들은 부드러운 곡선미와 생기발랄한 섹시미를 지닌 스타들을 좋아했거든요. 캐서린은 귀여운 연인 스타일은 아니었지요. 하지만 늘 당당했어요. 대담했고요. 언제나 자신의 매력을 100% 발휘하며 살았지요.

 캐서린의 스타일 비결

1. **편하게 입는다.** 편안하게 입어야 스타일도 좋아 보여요. 캐서린은 당장 모험을 떠나도 될 것 같은 차림을 즐겼어요. 다리를 자유롭게 움직일 수 있는 바지를 입고 오래 걸어도 편안한 실용적인 신발을 신었지요.

2. **실력 있는 재단사를 찾는다.** 캐서린이 드레스를 입으면 아프로디테가 바다 거품을 두른 것처럼 편안해 보였어요. 비결이 뭐였을까요? 좋은 재단사 덕분이었지요. 남성복 재단사를 고용해서 자신의 마른 체형에 맞게 바지를 수선했고, 신발은 맞춤 제작을 했어요. 바지가 30벌이나 됐는데, 전부 재단사가 직접 만들고 수선했어요.

3. **몸매를 한결같이 유지한다.** 캐서린은 가만히 있는 법이 없었어요. 추운 날에도 아침마다 야외에서 수영을 하고, 다음에 테니스 강습을 받고, 9홀 골프를 쳤어요. 게다가 위험한 장면도 스턴트 없이 직접 찍었고, 아프리카에 촬영을 가서는 멧돼지 사냥도 했어요. 촬영 중간에 쉴 때도 뜨개질로 손을 바쁘게 움직였지요. 마흔 살에는 그레타 가르보와 조깅을 시작했고, 여든 살에도 여전히 물구나무서기를 했어요.

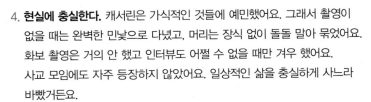

4. **현실에 충실한다.** 캐서린은 가식적인 것들에 예민했어요. 그래서 촬영이 없을 때는 완벽한 민낯으로 다녔고, 머리는 장식 없이 돌돌 말아 묶었어요. 화보 촬영은 거의 안 했고 인터뷰도 어쩔 수 없을 때만 겨우 했어요. 사교 모임에도 자주 등장하지 않았어요. 일상적인 삶을 충실하게 사느라 바빴거든요.

5. **잘 먹고 많이 마신다.** 캐서린은 수분 보충을 중요시했고, 친구들에게도 화장실에 자주 가라고 권유했어요. 하루에 채소를 다섯 접시씩 먹었고 가끔은 초콜릿도 즐겼어요.

캐서린 헵번 스타일

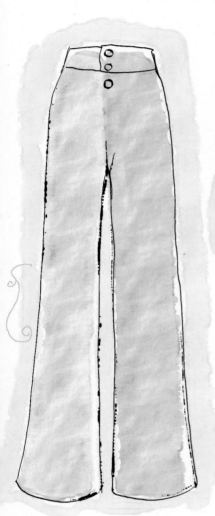

하이 웨이스트 바지

슬림한 터틀넥

얇은 눈썹
튀어나온 광대뼈
빨간 입술

머리 스카프
머리 모양이 마음에 들지 않을 때
활용하기 좋아요.

맞춤 제작한 재킷

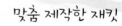

보이프렌드
스웨터

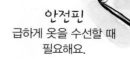

안전핀
급하게 옷을 수선할 때
필요해요.

편한 로퍼
활동성에는 최고예요.

색상

바지를 입은 여자들

옛날에는 여자가 바지를 입는 행위는 큰 논란을 불러일으켰어요. 이런 사회적 분위기 속에서도 아래 등장하는 여성들은 당시의 풍습과 치마를 버리고 바지를 입을 권리를 행사했지요.

기원전 450년, 캅카스 지방의 메데이아 여왕은 바지를 입었어요. 그때부터 고대 페르시아에서는 남녀를 불문하고 이 패션을 따라 했지요.

1431년, 잔 다르크는 이교도이며 바지를 입는다는 죄목으로 붙잡혔어요. 당시 프랑스에서는 여자가 바지를 입는 것이 불법이었거든요. 잔 다르크가 이교도라는 죄목은 입증하기 힘들었지만 성별에 맞지 않는 옷을 입은 건 확실했지요. 결국 잔 다르크는 화형을 당했어요.

1771년, 마리 앙투아네트는 근엄한 프랑스 법정을 발칵 뒤집어 놓았어요. 남자들만 입던 몸에 꼭 맞는 승마 바지를 입고 당당하게 나타났거든요.

"남자처럼 말을 타고, 옷도 남자처럼 입으면……위험하기도 하지만 아이를 갖는 데도 문제가 있을 것 같구나."
마리 앙투아네트의 어머니, 마리아 테레지아

1851년, 여성 인권 운동가 엘리자베스 스미스 밀러는 무거운 페티코트와 스커트 대신 판탈룬즈라는 터키 스타일의 통이 넓은 바지를 입었어요. 밀러의 바지가 마음에 들었던 여성 인권 운동가 엘리자베스 스탠턴이 그대로 따라 입었고, 이를 본 친구 아멜리아 블루머도 판탈룬즈에 푹 빠졌어요. 블루머는 이 바지를 입고 다니면서 자신의 신문 〈릴리〉에 여자도 바지를 입자는 주장을 실었어요. 〈릴리〉는 여성 편집장이 출간한 첫 신문이었어요. 이후 바지를 입는 게 크게 유행했고, 이런 바지를 '블루머'라고 불렀어요. 하지만 바지를 입는 여성은 품행이 불량하다며 비웃음을 샀지요.

조롱당하는 데 지친 아멜리아 블루머는 결국 더 이상 바지를 입지 않았지만 1859년부터 1890년대까지 바지를 입는 여성은 늘어만 갔어요. 블루머를 입으면 자전거를 탈 때도 매우 편해서 운동복으로 즐겨 입었거든요.

1890년에서 1940년까지는 '블루머 걸'들이 야구장을 접수했어요. 일부 남자 투수가 포함된 팀도 있었지만 주로 여자들로 구성된 팀이 전국을 돌며 남성팀을 위협했어요. 이들은 여성 운동의 지도자 아멜리아 블루머의 이름을 딴 헐렁한 블루머를 입었어요.

"여성의 의상은 그들의 욕구와 필요를 충족시켜야만 해요."
아멜리아 블루머, 1848년

1934년, 리바이 스트라우스 &
컴퍼니에서 여성용 청바지를
처음으로 제작해 농장에서
일하는 여성들에게 판매했어요.

1930년대에 독일 여배우 마를렌
디트리히는 바지 정장을 입어서 세간의
화제가 되었고, 캐서린 헵번은 청바지를
입어서 스튜디오 제작진을 충격으로
몰아넣었지요.

1908년에서 1911년 사이에
프랑스 디자이너 폴 푸아레는
동양의 디자인에서 영감을
받아 패셔너블한 바지를 계속
선보였고, 이 바지 디자인은
1913년에 〈보그〉 잡지의
표지를 장식했지요. 여성들은
열렬히 환영했어요.

1939년에서 1945년 사이, 제2차 세계
대전의 전쟁터로 남편을 떠나 보낸
여성들은 공장에서 일하며 안전을 위해
바지와 작업복을 입었어요.

1940-1950년대에는 소냐 드 레나르트라는 패션 디자이너가 다리의 4분의 3 길이인 '카프리' 바지를 만들었어요. 출시된 초창기에 배우 그레이스 켈리가 입어서 유명해졌어요.

1960년대에는 스키니, 혹은 '드레인 파이프'라고 불린 바지가 유행했어요. 오드리 헵번이 1957년에 영화 〈퍼니 페이스〉에 입고 나왔거든요.

1970년대에는 배우 셰어가 인기 TV 쇼인 〈소니 앤 셰어〉에 입고 나온 나팔바지가 히피 스타일의 핵심 아이템으로 자리 잡았지요.

1980년대에는 신디 크로포드를 비롯한 슈퍼모델이 입은 하이 웨이스트 청바지가 유행했어요.

1993년, 미국 의회에서 여성의 바지 착용을 금지했던 규정이 마침내 폐지되었어요.

오늘날 여성들은 카프리, 청바지, 슬랙스, 스웨트 팬츠를 가리지 않고 어떤 바지든 입을 수 있어요.

프리다 칼로

1907-1954년

"날개가 있으면 발이 무슨 필요가 있겠어요."

프리다 칼로

1953년 4월의 어느 덥고 건조한 밤, 걷지 못하게 된 프리다 칼로는 기둥이 네 개 달린 침대에 꼼짝없이 누워 있었어요. 침대 덮개 밑에 달린 거울에는 고통 속에서도 미소 짓는 여인의 모습이 보였지요. 땋은 머리에 꽃을 잔뜩 꽂고, 목둘레가 네모난 화려한 실크 셔츠를 입었는데, 샛노란 사각형과 십자가 무늬가 수놓여 있었어요. 멕시코 테우안테펙 여성들이 입는 전통 드레스였어요. 프리다는 강하고 독립적인 그곳의 원주민 여성들과 자신을 동일시했거든요.

그날은 멕시코에서 첫 번째 개인 전시회가 열리는 날이었지만, 의사들은 침대에서 한 발자국도 떠나서는 안 된다고 경고했어요. 프리다는 자신의 그림이 고국에 전시되는 광경을 보는 게 평생의 꿈이었어요. 드디어 꿈이 이루어졌는데 포기할 순 없었어요. 물론 의사의 명령도 따라야만 했어요. 침대를 벗어나지 말라는 명령 말이에요. 하지만 침대가 움직이는 것까지 금지된 건 아니었지요.

구급차가 프리다를 실어 날랐고, 갤러리 한가운데 프리다의 침대가 놓였어요. 프리다를 둘러싼 2백여 명의 친구와 팬들이 그림을 본 감상을 말했고, 멕시코 노래를 불러줬어요. 침대 덮개에 길게 매달린 해골은 프리다가 웃을 때마다 흔들리며 춤을 추었지요. 한 친구는 이 장면이 '다채롭고 놀라우며 지극히 인간적이면서도 약간 음산해서 딱 프리다가 좋아하는 스타일이었다'라고 평가했어요.

　　프리다 칼로는 1907년 7월 6일에 멕시코시티 외곽의 작은 마을 코요아칸에서 태어났어요. 아버지는 독일에서 멕시코로 이민을 온 사진가였고, 어머니는 미국 원주민과 스페인계의 혼혈이었어요. 프리다는 태어나면서부터 다양한 색채에 둘러싸여 자랐어요. 코발트블루 색상의 고향 집인 '푸른집'은 초록 식물이 무성한 정글 속에 있었는데, 빨강, 자홍, 주황, 노랑, 분홍, 흰색 달리아가 어우러져 색의 향연이 펼쳐졌지요.

　　프리다의 유년 시절은 각종 병으로 얼룩졌어요. 여섯 살이 되던 해에 소아마비에 걸린 거예요. 반신불수가 될 수도 있는 무서운 감염병이었지요. 목숨은 겨우 유지했지만 왼쪽 다리가 오른쪽보다 짧아졌어요. 이로 인해 다리를 절게 되자 학교 아이들은 프리다를 '나무 다리'라고 놀렸어요. 하지만 프리다는 남들과 다르게 취급 받기를 거부했어요. 남자애들처럼 수영을 하고 나무를 기어올랐어요. 그리고 기형인 다리를 숨기려고 긴 치마나 남자 옷을 입었지요. 그런데 열아홉 살에 또 다른 불행이 닥쳤어요. 버스에 치이는 끔찍한 사고를 당해서 거의 죽을 뻔했지요. 부상이 워낙 심해서 '의사가 마치 여러 사진을 이어 붙여 몽타주를 만들 듯이 프리다를 부위별로 재구성해야 했다'고 한 친구는 훗날 회상했어요. 수개월을 침대에 누워 지내는 동안 프리다는 아버지가 사진을 보

"제가 그림으로 그려 주면
그 꽃은 죽지 않아요."

정할 때 쓰던 물감을 빌렸어요. 어머니는 몸을 움직이지 않고 도 자기 모습을 그릴 수 있도록 침대 위에 거울을 달아 주었고, 그때부터 프리다는 자화상 그리기를 좋아하게 되었지요. 나중 에 프리다는 이렇게 고백했어요.

"내가 자화상을 그리는 건 혼자 있는 시간이 많아서예요. 가 장 잘 아는 주제이기도 하고요."

서서히 건강을 회복한 프리다는 드디어 '푸른 집' 밖으로 나갈 수 있게 되었어요. 교통사고와 어린 시절에 걸린 소아마비 때문에 여전히 다리를 절었지만, 밤늦게까지 춤 추는 프리다를 아무도 말릴 수 없었어요. 그러다가 1928년에 어느 파티에서 디에고 리베라라는 유 명한 화가를 만났어요. 두 사람은 금세 사랑에 빠져 결혼식을 올렸어요. 그리고 이듬해, 디에고가 샌프란시스코에서 벽화 작업을 하게 되면서 미국으로 떠났어요.

1929년, 남편과 함께 미국에 도착한 프리다는 알록달록한 멕시코 드레스를 입었고, 왕관처럼 땋아 올린 머리는 꽃과 주름 스카프로 장식했어요. 미국인들은 프리다의 스타일을 신기해 했어요. 당시 미국에서 유행한 패션은 단발머리와 길이가 종아리 중간까지 내려오는 치마였어요. 거기에 받쳐 입은 몸에 딱 맞는 스웨터는 여성성을 한껏 드러내는 파스텔 색상이었고, 장신구는 거의 하 지 않았거든요. 그런데 프리다는 머리를 길게 땋고 화려한 드레스를 입은 데다가 반지와 팔찌, 목 걸이를 어찌나 많이 달았는지 술탄의 보물 상자를 채우기에 충분할 정도였지요. 이를 목격한 누군 가는 수많은 팔찌와 반지, 달랑거리는 귀고리와 긴 목걸이가 내는 소리가 '대성당의 종이 미친 듯 이 울리는 것만 같았다'고 묘사했어요.

이런 자극적인 옷차림 때문에 거리에서 프리다를 따라오는 사람들도 있었어요. 어떤 아이들은 프리다에게 달려와 서커스가 어디서 열리는지 묻기도 했지요. 하지만 무엇보다 충격적인 건 프리

프리다의 의상과 그림에서 질감과 색상은 모두 심오한 의미를 지녔어요. 녹색은 '부드럽고 온화한 빛', 파란색은 '격한 감정과 순수, 사랑', 노란색은 '깊은 광기와 신비'를 뜻하지요. 하지만 프리다는 자홍색을 제일 좋아했어요. 자홍색을 '백년초의 진액, 생명이 약동하는 고대의 힘'을 나타내는 색이라고 표현했답니다.

다의 눈썹이었어요. 숱 많은 두 눈썹이 연결되어 새의 날개
처럼 보였거든요. 눈썹을 뽑아서 얇게 만드는 게 유행이었
지만, 프리다는 오히려 더 두껍게 그렸어요. 프리다는 튀는
것을 두려워하지 않았어요. 특히 멕시코의 유산과 전통 의
상을 자랑스러워했지요. 그리고 오랜 시간 병마와 싸우며
고통을 그림으로 표현했어요. 기묘한 꿈 같은 프리다
의 그림을 초현실주의라고 불렀는데, 프리다는
자신의 그림이 초현실주의가 아니라며
이렇게 주장했지요.

"전 꿈이나 악몽을 그린 적
이 없어요. 저만의 현실을
그린 거죠."

1933년에 남편과 멕시
코로 돌아온 뒤 프리다의
그림은 점점 더 유명해졌어
요. 유럽인들도 프리다의 이국적인 패션에 흠뻑 빠
졌지요. 1939년, 당시 최고의 패션 잡지였던 프랑스판
〈보그〉는 수많은 반지로 장식한 프리다의 손을 표
지에 실었어요.

하지만 명성이 높아지면서 건강은 악화됐어
요. 교통사고로 부러졌던 척추와 발의 통증이 너
무 심해서 강철로 된 코르셋을 입어야 할 정도였
지요. 골절상을 치료하기 위해 서른 번이 넘게 수
술을 받았지만 결국 한쪽 다리를 절단해야 했어요.
물론 프리다는 의족에도 멋진 신발을 신었어요. 강
렬한 빨간색 신발에 자수를 넣고 종도 달았어요.
몸이 불편하다고 불평하지도 않았지요. 대신 이렇

1939년, 파리의 루브르 박물관이 프리다의 〈자화상: 프레임〉을 구매했어요.
루브르에서 멕시코 화가가 그린 현대 미술품을 소장하는 건 처음이었지요.

교통 사고의 후유증으로 프리다는 아이를 낳을 수 없었어요.
대신 원숭이와 앵무새, 강아지 등 여러 애완동물을 키웠어요.

게 말했어요.

"난 아픈 게 아니에요. 부러진 거죠. 하지만 살아서 그림을 그릴 수 있으니 행복해요."

프리다는 더 이상 붓을 들 수 없을 때까지 그림을 그렸어요. 그리고 1954년 7월에 푸른 집에서 죽음을 맞이했지요. 마지막으로 남긴 그림은 자른 수박을 그린 정물화였어요. 한쪽 구석에는 이렇게 써 있었지요.

'인생 만세(Viva la Vida).'

생의 말년에 프리다는 일기장에 춤추는 해골을 그리고 속마음을 적었어요. 그중 한쪽에 나무를 그렸는데, 가시가 뾰족뾰족 달린 가느다란 가지가 손처럼 하늘로 뻗어 있었지요. 그림 아래는 제일 좋아하던 노래의 한 구절을 적었어요.

'희망의 나무여, 굳세어라.'

프리다의 내면은 튼튼한 떡갈나무 같았어요. 연약한 가지가 부러져도 뿌리는 땅에 단단히 박혀 있었지요. 또한 육체의 연약함을 숨기려고 입은 긴 치마 덕분에 멕시코 문화를 자랑스럽게 여기며 바르게 자랐어요.

프리다의 자수 드레스와 땋은 머리 등은 '보헤미안 스타일'에 영향을 주었어요. 하지만 프리다의 패션 감각은 단순한 반항 정신을 넘어서는 것이었어요. 흥겨운 옷차림과 머리의 꽃 장식은 삶을 기념하는 프리다만의 방식이었지요. 프리다에게는 패션이 곧 아름답고 예술적인 것들을 즐기며 대담하게 자신을 표현하는 축제였던 거예요.

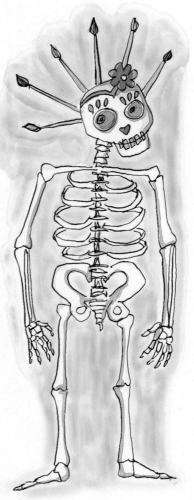

프리다 스타일의 화관 만들기

준비물

머리색에 맞는 고무줄

가위

섬유 접착제

꽃 장식

1단계
고무줄을 잡아당겨 머리 둘레를 재고, 측정한 길이보다 1.2cm 정도 길게 자르세요.

3단계
꽃을 고무줄에 붙이세요. 왕관 전체가 꽃으로 덮일 때까지 이어서 붙이세요.

4단계
고무줄의 양 끝에 매듭을 지어 주세요.

2단계
꽃 장식에 철사가 있으면 잘라내고, 나머지는 구부려서 판판하게 만드세요.

TIP
고무줄이 불편하다면 금속이나 플라스틱으로 된 장식이 없는 헤어밴드를 이용해도 돼요. 꽃 장식이 너무 무거우면 고무줄에 붙인 후 떨어질 수 있으니 가벼운 꽃으로 준비하세요.

프리다 칼로 스타일

자수 셔츠

링 귀고리

긴 목걸이

다양한 반지들

긴 실크 치마

자수 천 가방

꽃

땋은 머리

레이스 숄

보석 색상

헤어나올 수 없는 마력

마릴린 먼로
1926-1962년

"저는 제가 원하는 모습으로 살 거예요."
마릴린 먼로

갑자기 돌풍이 불어 드레스 자락이 들려 올라간다면 보통은 옷을 잘못 선택한 거겠지요. 하지만 마릴린 먼로라면 얘기가 달라요. 1955년 9월 15일 새벽 1시, 마릴린 먼로는 미국 뉴욕의 렉싱턴 가와 52번 가의 교차로에 있는 지하철 통풍구에 서서 바람이 불어와 기막힌 일이 일어나기를 기다리고 있었어요. 영화 〈7년 만의 외출〉을 촬영하는 중이었지요. 영화 자체나 마릴린의 배역은 그다지 인상에 남지 않았지만, 그 드레스만은 달랐어요. 오늘날까지도 할리우드 역사상 가장 인상적인 드레스로 남아 있으니까요. 아이보리 색상의 이 드레스는 홀터넥*이 내려와 허리에서 한번 교차하고, 그 밑으로는 손바느질로 주름을 잡은 치마가 달려 있었어요. 지하철의 더운 바람이 훅하고 불자, 얇은 치맛자락이 마릴린의 몸을 감싸며 휘몰아쳤어요.

바로 다음 주부터 똑같은 드레스가 백화점마다 깔렸어요. 타임스퀘어의 대형 광고판에서는 하늘로 솟구친 치마를 입은 마릴린이 환한 미소를 짓고 있었지요. 뉴요커들은 이 위태로운 광고판을 보느라 고개를 한껏 뒤로 꺾었어요. 이때부터 마릴린은 패션계를 흔들기 시작했어요.

본명이 노마 진 모텐슨인 마릴린 먼로는 1926년 6월 1일, 미국 로스앤젤레스에서 태어났어요. 아버지는 마릴린이 태어나기도 전에 가족을 버렸고, 이 때문에 우울증에 걸린 어머니는 조현병의

---

*홀터넥 : 팔과 등이 드러나고 끈을 목 뒤로 묶는 스타일.

증세를 보여서 딸을 돌볼 수가 없었지요. 마릴린은 여러 위탁 가정을 전전했고, 보육원에 들어가기도 했어요.

보육원에서는 창밖으로 RKO 영화사의 로고가 찍힌 급수탑이 보였어요. 당시 RKO의 로고는 높은 방송탑에서 전파를 발사하는 모습이 었는데, 마치 희망의 등대 같았어요. 마릴린은 그 로고를 바라보며 언젠가 할리우드 스타가 되는 꿈을 꾸었어요.

열아홉 살이 된 1945년에 드디어 꿈이 구체화되기 시작했어요. 비행기 제조 공장에서 일하다가 전쟁 사진을 찍게 된 거예요. 갓 씻은 듯한 소녀가 미소를 지으며 드라이버로 비행기 프로펠러를 고치는 이 사진 덕분에 의류 모델의 길에 들어섰지요. 하지만 마릴린의 꿈은 백화점 전단의 의류 모델에서 끝나지 않았어요.

1946년에 20세기 폭스사와 첫 번째 계약을 맺었지요. 그리고 할리우드의 요구에 민첩하게 대응해서 이름을 마릴린 먼로로 바꾸고 머리도 연한 금발로 염색했어요. 초기에는 대사가 한 줄이거나 전혀 없는 역할만 맡았지만, 열심히 공부하며 밤늦게까지 대사를 연습한 덕에 결국 결실을 맺었어요.

1950년대에 영화 〈아스팔트 정글〉에서 나이 든 범죄자의 정부로 출연하며 처음으로 주요 배역을 맡았고, 1953년에는 〈신사는 금발을 좋아한다〉에서 돈만 노리고 남자를 사귀는 쇼걸 로렐라이 역할을 맡았어요.

여기서 마릴린이 '다이아몬드는 여자에게 최고의 친구'라는 노래를 부르는 장면은 영화사에 길이 남을 명장면이에요. 발랄한 분홍색의 허리선이 낮은 드레스와 같은 색 장갑은 마릴린을 대표하는 옷차림이 되었지요(89쪽의 드레스 참고). 마릴린은 이 영화로 극찬을 받았고, 같은 해에 〈포토플레이〉 지에서 '가장 빠르게 떠오른 스타'라는 별칭을 얻었어요.

영화배우로 성공을 거두긴 했지만 초기에 맡은 역할은 백치미가 넘치는

"내가 원하는 건 사랑뿐이에요. 온전한 나 자신으로, 그리고 내 재능으로 사랑받고 싶어요." – 마릴린 먼로

경우가 많았어요. 실제로는 날카로운 통찰력과 번 뜩이는 유머 감각을 지녔는데도 말이에요. 비록 고등학교를 중퇴했지만 마릴린은 늘 자기계발에 힘썼고, UCLA 대학에서 문학과 역사 수업을 듣기도 했으니까요. 마릴린은 능력 개발을 가장 우선시했지만 정신적인 성장도 중요하게 생각했어요. 그래서 이런 말도 남겼어요.

"한때는 훌륭한 배우가 되어서 내 능력을 증명하고 싶었어요. 하지만 지금은 사람다운 사람이 되고 싶어요. 그러면 훌륭한 배우도 될 수 있겠지요."

마릴린의 독립적인 성격은 패션 스타일에도 그대로 묻어 나왔어요. 영화 〈백만장자와 결혼하는 법〉에 출연하는 배우들은 최신 유행을 따라 허리는 잘록하고 폭이 넓은 스커트를 입어야 했어요. 모두가 동의했지만 마릴린은 아니었지요. 자기 몸매를 잘 알았거든요. 그런 옷은 깡마른 여자들에게나 어울린다고 생각한 마릴린은 몸의 굴곡을 살린 꼭 맞는 드레스를 입겠다고 고집했어요. 그래서 대부분의 드레스는 옷을 입은 채로 수선해야 했어요. 몸매를 유지하려고 얼음 목욕을 해서 혈액 순환을 도왔고, 당시로서는 새로운 역기 운동도 했어요. 마릴린은 자신의 모래시계형 몸매를 좋아해서 한 기자에게 이렇게 털어 놓기도 했어요.

"깡마르고 싶지는 않아요. 저는

XO XO

제가 원하는 모습으로 살 거예요."

하지만 재미있고 여성스러운 패션 감각과는 달리 속은 굉장히 복잡하고 비밀스러웠어요. 한 인터뷰에서 지금 입은 검은 맞춤 정장이 '새로운 마릴린이냐'는 질문을 받자 이런 농담을 건넸지요.

"아니요, 옷은 바뀌었지만 저는 그대로예요."

패션을 너무 진지하게 생각하지 않았기에 더 큰 사랑을 받은 거예요. 마릴린은 옷을 통해 보호받는다고 느꼈지만 내면의 고통까지 숨길 순 없었어요. 인조 눈썹을 깜박이며 카메라를 향해 키스를 날리는 겉모습만 보면 자신감이 넘치고 자기 관리를 잘하는 사람으로 보였지요. 하지만 마음속에는 위험한 악마가 살고 있었어요. 마릴린은 친구들에게 보내는 편지에 '죽고 싶다'는 말을 자주 썼어요.

마릴린을 상징하는 드레스는 대부분 흰색으로 복제되곤 하지만, 사실은 아이보리 색이었어요. 당시 배우들은 영화 촬영 때 흰옷을 입지 않았어요. 스튜디오 조명 때문에 회색으로 보였거든요. 1971년에 배우 데비 레이놀즈는 마릴린의 그 유명한 진품 드레스를 샀다가 2011년에 한 경매를 통해 460만 달러에 팔았어요. 세월이 지나 색이 바래서 이제는 연한 베이지 색상이 되었지만요.

우울증과 싸우고 있었던 거예요. 마릴린의 인생에서 마지막 몇 년은 탈선한 열차처럼 평탄치 않았어요. 여러 번 자살을 시도했는데, 다행히도 매번 친구들이 와서 구해 주었어요. 그러다가 1962년 8월 5일, 결국 침대에 누워 죽은 채로 발견되었어요. 안타깝게도 비극적으로 세상을 떠났지만, 오늘날 마릴린은 고전적인 할리우드 스타일의 전형으로 인정받고 있어요. 대부분의 여자들이 버튼 다운 칼라가 달린 차분한 드레스로 몸매를 감출 때, 마릴린은 패션계에 섹시미를 불어넣었지요. 마릴린의 드레스는 패션사에서 가장 중요한 의상이 되었고, 연한 금발 머리는 글래머의 상징이 되었어요. 마돈나와 린제이 로한을 비롯한 많은 배우와 뮤지션들이 마릴린의 스타일을 따라 했어요. 하지만 그 드레스를 마릴린만큼 잘 소화하는 사람은 아무도 없었어요. 마릴린이 언제나 유쾌한 패션을 유지한 이유가 있어요. 바로 마음만은 어린아이였기 때문이에요. 마릴린은 원대한 꿈과 매력적인 스타일 감각을 품은 '아이'였지요.

굴곡을 살려요

마릴린의 스타일 조언

1. **자신의 몸매를 사랑하세요.** 마릴린은 헐렁한 셔츠나 통짜로 된 드레스는 절대 안 입었어요. 자신의 몸매가 모래시계형이라면 숨기지 말고 허리가 잘록한 드레스로 더욱 강조해 보세요.

2. **화려한 할리우드식 헤어스타일을 해 보세요.** 마릴린은 굴곡진 몸매에 맞는 옷을 스타일링한 것처럼 머리에도 고전적인 여성미를 더했어요. 마릴린 먼로 같은 컬을 만들려면 먼저 손가락을 이용해 머리카락을 아래 방향으로 둥글게 말아 주세요.

A. 헤어클립이나 핀으로 컬을 두피에 고정하세요.

B. 헤어스프레이를 뿌리고 30분간 스카프로 감싸 주세요.

그리고 핀을 제거하면, 짜잔! 할리우드 헤어스타일이 완성되지요.

A.   B.

3. **다이아몬드는 여자들에게 최고의 친구예요.** 꼭 다이아몬드가 아니더라도 반짝이는 것이라면 무엇이든 괜찮아요. 모조 다이아몬드 팔찌나 샹들리에 귀걸이로 활기를 더하는 거예요. 하지만 너무 과하게 쓰면 안 돼요. 마릴린은 '반짝거리는 귀걸이와 목걸이, 팔찌는 외모가 아닌 다른 곳으로 주의를 분산시킨다'고 믿었어요.

4. **자연스러운 모습도 보여 주세요.** 마릴린은 패션계 사람들을 감동시키려고 지나치게 애쓰지 않았어요. 꾸미지 않은 듯한 스타일을 터득해서 기자 회견장에도 부스스한 머리와 민낯으로 나타나곤 했지요.

5. **마릴린처럼 웃어넘기세요.** 마릴린은 남들을 웃게 할 때가 가장 사랑스러웠어요. 뭔가 실수를 하면 일부러 그렇게 한 것처럼 연기했지요. 그럼 당황스러운 순간도 당황하지 않고 넘길 수 있으니까요.

마릴린 먼로 스타일

연한 금발

검은 점

몸매를 드러내는 드레스

다이아몬드

캐시미어 카디건
목선 아래에 꽃 장식 달기.

실크 클러치

공중에 대고 키스하기

펜슬 스커트

흰색 모피 숄

뾰족한 브래지어

핍토구두
발가락이 보이는 스타일.

색상

나만의
독특한 스타일을
즐겨요

오드리 헵번
1929-1993년

"전 행복한 여자가 제일 예쁘다고 생각해요."

오드리 헵번

1953년 여름, 오드리 헵번은 설레는 마음으로 파리에서 제일 잘 나가는 디자이너 위베르 드 지방시를 만나러 갔어요. 흰 티셔츠 차림에 발레화를 신고 지방시가 사는 18세기 저택의 구불구불한 대리석 계단을 한 번에 두 계단씩 뛰어 올라갔어요. 그런 헵번을 본 지방시는 실망해서 2m나 되는 장신의 몸을 축 늘어뜨렸어요. 사실 다른 헵번을 기다리고 있었거든요. 배우 캐서린 헵번 말이에요. 그런데 짧은 머리에 팔다리는 길고 발만 엄청나게 큰(무려 270mm였어요!) 풋내기가 나타난 거예요. 게다가 이름도 들어본 적 없는 여자였지요. 1953년이면 오드리의 첫 히트작인 〈로마의 휴일〉이 아직 개봉하기 전이었으니까요.

지방시는 실망감을 감추고 차기작인 〈사브리나〉의 의상을 디자인하기 힘들겠다고 거절했어요. 겨울 컬렉션을 준비하느라 바빠서 이름 없는 여배우의 드레스를 디자인할 시간이 없었거든요. 다른 여배우 같으면 화를 벌컥 냈겠지만, 오드리는 지난 시즌에 만든 기성품이라도 받을 수 있느냐고 물었어요. 지방시도 그건 허락했어요. 어쨌거나 매력적인 아가씨였으니까요. 오드리는 누더기 대신 무도회에 입고 갈 드레스를 고르는 신데렐라처럼 옷장으로 뛰어들었어요. 그리고 발레리나 스커트

가 붙은 검은색 칵테일 드레스를 골랐어요. 사각형으로 파인 목선은 튀어나온 광대뼈를 보완해 주었어요. 옷걸이에 걸렸을 땐 평범해 보였지만 오드리가 입자 마치 오드리를 위해 만든 옷처럼 빛났어요. 지방시는 그 모습에 완전히 반해 버렸지요. 그때부터 두 사람은 패션사에 기록될 만큼 오랜 협력 관계를 이어갔어요. 오드리는 지방시가 만들어 준 옷을 입으면 '보호 받는 느낌'이라고 말하곤 했어요. 오드리의 과거를 알면 그 느낌을 이해할 수 있을 거예요.

1929년에 태어난 오드리 캐슬린 러스턴은 어린 시절부터 고향인 벨기에와 영국, 네덜란드 등지를 옮겨 다녔어요. 겨우 여섯 살 때, 훗날 '내 인생에서 가장 충격적인 사건'이라고 회상한 일을 겪었지요. 아버지가 가족을 버리고 떠난 거예요. 어머니는 그때의 충격으로 머리가 하얗게 셌고, 오드리는 그때부터 '버림받을지 모른다는 끊임없는 두려움'에 시달렸어요. 5년 후, 독일군이 네덜란드를 점령하자 두려움은 점점 더 커졌어요. 유년 시절의 추억이라고는 연기가 자욱한 하늘, 폭탄의 위협, 트럭을 타고 수용소로 끌려가 다시 돌아오지 못한 유대인 친구들이 전부였어요. 열세 살 때는 삼촌과 사촌들이 독일군에게 총을 맞아 죽는 장면을 목격했어요. 당시 오드리는 식량이 없어서 오직 살기 위해 튤립 구근이나 잔디를 익혀 먹었어요. 하루는 밀가루에 벌레가 꼬인

걸 보고 기뻐하기도 했어요. 벌레를 먹으면 오랜만에 단백질을 섭취하는 거니까요.

　1945년 5월 5일, 네덜란드가 해방되면서 긴 고난도 끝이 났어요. 그날은 오드리의 생일이기도 했지요. 환희에 차서 길거리를 행진하던 미군이 초콜릿 바를 나누어 주던 걸 오드리는 평생 잊지 못했어요. 다섯 개를 순식간에 먹어치우고는 곧바로 탈이 났거든요. 오드리의 초콜릿을 향한 사랑은 그때부터 시작되었지요.

　전쟁이 끝나고 어머니와 함께 런던으로 간 오드리는 발레를 배우기 시작해서 하루에 네 시간씩 연습했어요. 그렇게 열심히 노력했건만 프리마 발레리나가 되기에는 키가 너무 크고 마른 데다가 나이도 많다는 말만 들었어요.

　오드리는 다음 계획으로 넘어갔어요. 무대 공포증이 심했지만 미국으로 건너가 브로드웨이 무대에 섰고, 단역이나마 영화에도 출연하게 되었지요. 호텔 안내원, 담배 팔이 아가씨, 타자수 같은 역할이었어요. 패션 아이콘의 길로 들어설 만한 똑똑하고 스타일리시한 역할은 아니었지만, 덕분에 겸손함을 유지할 수 있었지요. 훗날 〈로마의 휴일〉로 아카데미상을 받게 됐을 때는 너무 놀라서 상을 받다가 무대 밖으로 떨어질 뻔했어요. 오드리는 자신의 성공이 '전적으로 수수께끼 같은 일'이라며 '배우가 되리라고 생각해 본 적도 없다'고 고백했어요.

　오드리는 전형적인 영화배우 타입은 아니었지만 분명한 매력이 있었어요. 풍만한 여배우들이 실크 의자에 앉

오드리는 모자를 아주 좋아했어요. 단순하고 우아한 필박스(위가 납작한 원통형에 챙이 없는 모자)부터 챙이 터무니없이 넓은 모자까지 모양과 크기를 가리지 않았지요.

아 인형처럼 포즈를 취할 때, 오드리는 활기차게 카메라 앞으로 나와 맨발로 옆돌기를 하고 우스꽝스러운 표정을 지었지요. 당시에는 가녀린 몸은 이상적인 몸매가 아니었기 때문에 스튜디오 간부들이 브래지어에 패드를 넣어 곡선미를 만들라고 요구했어요. 하지만 오드리는 바로 거절했어요. 있는 그대로가 아니면 영화를 안 찍겠다고 말이에요. 미국 여성들은 오드리의 유연한 몸에 열광했고, 〈사브리나〉의 감독 빌리 와일더는 이제 작은 가슴이 유행할 거라고 예견했어요. 다행히 〈티파니에서 아침을〉의 여주인공이 되는 데 풍만한 가슴은 필요 없었어요. 오드리는 이 영화 한 편으로 패션계의 새로운 별이 되었지요. 이 영화에서 오드리는 사교계의 자유분방한 아가씨이자 반짝이는 보석을 좋아하는 홀리 고라이틀리 역할을 맡았어요. 이 역할이 여태까지 맡은 역할 중 가장 어려웠다고 토로했는데, 아마도 원래 성격과 가장 동떨어진 캐릭터였기 때문일 거예요. 하지만 오드리는 몸에 꼭 맞는 검은 드레스와 커다란 선글라스, 악어가죽 구두, 프렌치 트위스트 헤어스타일로 관객들의 마음을 빼앗았고, 영화는 대성공을 거두었어요.

오드리는 '직업을 갖되 직업여성이 되지는 않는 게 가장 큰 꿈'이라고 했어요. 그러면서 "삶은 베푸는 거예요. 남에게 베풀고 싶지 않다면 더 살아갈 이유도 없죠."라고 했어요. 언제나 사람을 우선시하던 오드리다운 말이었지요. 1988년에는 유니세프 친선

대사로 에티오피아와 소말리아, 수단을 다녀왔어요. 아픈 아이들을 보듬으며 기금 모음을 위해 계속해서 연단에 섰어요. "배고픈 아이가 없어질 때까지 쉬지 않겠어요."라면서요.

오드리는 베푸는 삶을 멈추지 않았어요. 인기라는 신기루 안에서만 살아가지 않았지요. 그런 그녀는 이렇게 말하기도 했어요.

"내가 코를 풀면 전 세계 미디어에서 기사를 내겠죠. 하지만 사람들이 보는 건 내 겉모습일 뿐이에요. 나머지는 모두 내면에 있으니 진실을 아는 건 본인뿐이에요."

오드리는 청바지에 티셔츠를 입든, 우아한 검은색 드레스를 입든 내면을 가장 중요시했어요. 영원히 패션 아이콘으로 남겠지만, 품위 있고 침착하며 관대했던 모습이 가장 오드리다운 모습으로 기억될 거예요.

오드리의 스타일 조언

1. **트렌드는 잊어버려요.** 오드리는 유행하는 옷을 사들이는 일은 하지 않았어요. 소량이라도 언제까지고 입을 수 있는 고급스러운 아이템을 샀어요. 계속해서 입을 만하다고 확신이 드는 아이템을 사세요.

2. **당당하게 행동하세요.** 오드리는 발레 수업과 엄한 어머니의 가르침 덕분에 몸을 곧게 세워서 우아하고 품위 있게 걸었어요. 바른 자세를 연습하고 파티에 갈 때는 티아라를 써서 자신감을 키워 보세요.

3. **단순미를 활용하세요.** 오드리는 장신구를 절대 과하게 사용하지 않았어요. 기다란 흰 장갑에 진주와 다이아몬드가 박힌 클립형 귀걸이로 약간의 세련미만 더했지요. 하지만 촬영이 없을 때 청바지에 폴로셔츠, 나막신 차림으로 정원에서 편히 쉬는 모습이 가장 아름다웠어요.

4. **자신의 장점을 강조하세요.** 오드리는 자신의 빈약한 가슴과 덧니, 커다란 발, 코에 있는 작은 혹을 싫어했어요. 그래서 단점을 가리고 장점을 강조하는 자신만의 스타일을 만들었지요. 가느다란 허리를 벨트로 조이고, 큰 눈에 진한 화장을 하고, 광대를 강조하려고 머리카락을 잘랐어요. 자신의 몸을 연구한 후에, 장점을 살릴 만한 옷과 장신구를 선택하세요.

5. **내면의 아름다움에 집중하세요.** 오드리는 할리우드의 파티를 돌아다니며 연예인을 추종하는 사람들과 어울리지 않았어요. 대신 소매를 걷어붙이고 세계를 돌아다니며 이웃들을 도왔어요. 진정한 아름다움은 친절한 마음 그 자체라고 믿은 거예요.

스타일 프렌치 트위스트 스타일

준비물

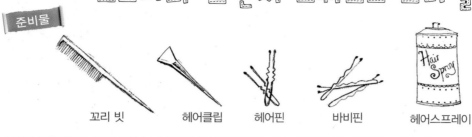

꼬리 빗   헤어클립   헤어핀   바비핀   헤어스프레이

1단계 꼬리 빗으로 한쪽 귀 위에서 반대쪽 귀 위까지의 머리카락을 수평으로 나누어요. 앞부분은 멀리 보내 클립을 꼽아 두세요.

5단계 앞부분을 큰 부분과 작은 부분으로 나누어요. 작은 부분은 클립으로 잠시 고정해 두세요.

2단계 머리 뒷부분은 왼쪽으로 넘기고, 앞부분은 한가운데로 높이 올려 바비핀으로 고정해요. (핀 두 개를 교차해서 꼽으면 더 단단하게 고정돼요.)

6단계 큰 부분을 머리 앞으로 둥글게 말아 헤어핀으로 아랫부분을 고정하세요.

3단계 뒷부분을 오른쪽으로 쓸어 와서 손가락을 이용해 아래 방향으로 돌돌 말면서 머리 위로 올려요. 그리고 1단계에서 남겨둔 머리카락과 합치세요.

7단계 고정시켰던 작은 부분의 클립과 핀을 모두 빼세요. 그리고 반으로 나눠 주세요.

4단계 꼬아 놓은 머리를 헤어핀을 이용해 머리 뒤에 고정해요.

8단계 앞머리 왼쪽 부분을 꼬아 놓은 뒷머리에 감으세요. 그리고 헤어핀으로 고정하세요. 오른쪽 부분도 똑같이 하고, 헤어스프레이로 마무리해요.

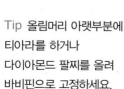

Tip 올림머리 아랫부분에 티아라를 하거나 다이아몬드 팔찌를 올려 바비핀으로 고정하세요.

Tip 머리가 짧으면 헤어 도넛(왼쪽 그림)을 반으로 잘라 올림머리의 볼륨을 살려 보세요.

오드리 헵번 스타일

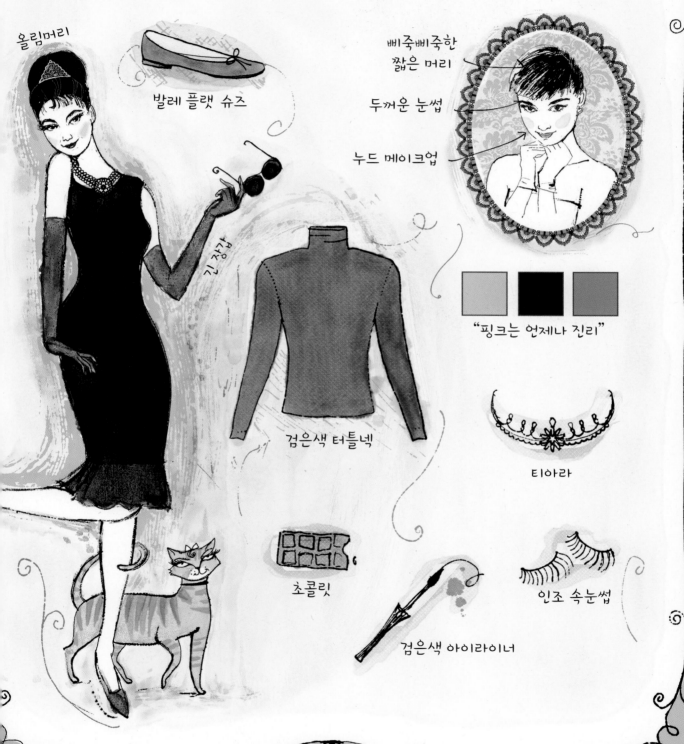

올림머리

발레 플랫 슈즈

삐죽삐죽한
짧은 머리

두꺼운 눈썹

누드 메이크업

긴 장갑

"핑크는 언제나 진리"

검은색 터틀넥

티아라

초콜릿

검은색 아이라이너

인조 속눈썹

패션을 주도한

❋

영부인

재클린 케네디 오나시스

1929-1994년

> *"어머니는 자기만의 취향과 방식대로 모든 걸 해냈어요.*
> *우리는 모두 그걸 행운으로 여겼어요."*
>
> 존 F. 케네디 주니어

재클린은 '영부인'이라는 우스꽝스러운 타이틀을 싫어했어요. '안장 씌운 말'처럼 느껴졌거든요. 재클린 리 부비에 케네디는 길들여진 조랑말이 될 생각이 없었지만, 대통령의 부인이 맡은 역할을 잘 알고 있었어요. 멋지고 우아한 패션을 선보이는 일이었지요.

가장 많은 사람의 기억 속에 남아 있는 재클린의 패션 스타일은 필박스 모자예요. 1960년대에 정숙한 여인들은 모자 없이 집을 나서는 법이 없었어요. 오늘날로 치면 속옷을 안 입고 외출하는 것과 비슷했지요. 당시의 모자는 챙이 넓고 얌전한 베일이 달린 데다가 웨딩케이크에 올라갈 만한 꽃과 깃털로 장식했어요. 다른 장신구처럼 모자 하나가 스타일을 완성하기도, 해치기도 했지요. 하지만 재클린은 모자를 싫어했어요. 물론 거기에는 재클린 나름의 이유가 있었어요. 재클린은 자신과 비슷한 체격의 여자들보다 머리가 훨씬 컸거든요. 그렇게 큰 머리에 큰 모자까지 쓰면 얼굴만 까딱까딱 움직이는 인형이나 이등신 만화 캐릭터처럼 보였어요. 전혀 예쁘지 않았지요.

그런데 필박스는 모자가 작고 위가 판판해서 큰 머리도 작아 보이게 해 주었어요. 재클린이 쓰기 전인 1950년대에도 있었지만 유행한 적은 없었지요. 하지만 존 F. 케네디 대통령의 취임식이 거행

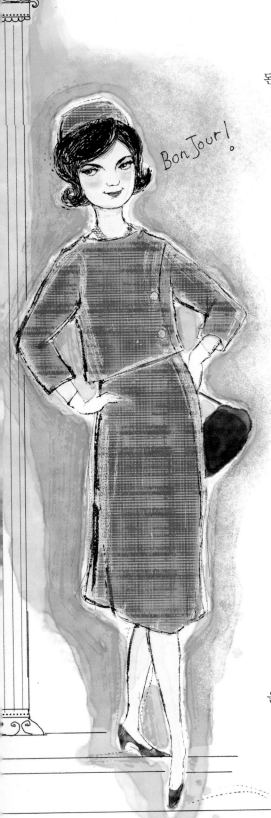

BonJour!

된 1961년 1월 20일 이후로 얘기가 달라졌어요. 재클린이 황갈색 울코트에 같은 색상의 필박스 모자를 쓰고 백악관에 처음 입성한 날이었지요. 그날은 바람이 심하게 불었어요. 차에서 내린 재클린은 모자를 붙잡느라 손을 얹었고, 그 바람에 모자가 움푹 들어갔어요. 영부인을 촬영한 사진마다 찌그러진 모자가 찍혔지요. 사고였을까요? 그렇지 않았어요. 미국 여성들은 재클린이 일부러 모자를 찌그러뜨렸다고 생각했거든요. 그리고 앞다투어 필박스 모자를 사서 영부인과 똑같이 움푹 들어가게 했어요.

디자이너들은 새로운 트렌드에 맞춰 위가 찌그러진 필박스 모자를 내놓았어요. 재클린은 그만큼 영향력이 컸어요. 재클린이 걸치고 있으면 실수조차 멋으로 보였지요.

케네디 대통령은 재클린의 패션이 수많은 여성에게 사랑을 받을 줄은 상상도 못했어요. 오히려 대중이 영부인을 속물로 볼까 봐 걱정했지요. 명품 옷을 입고 유행에 따라 머리를 부풀렸으니까요. 게다가 프랑스 어를 할 줄 알았고, 여가 시간에는 여우 사냥을 다니며 화려한 파티를 열었어요. 평범한 가정주부라면 이런 상류층의 귀족적인 생활을 받아들이기 힘들 거라는 게 대통령의 생각이었지요.

하지만 그건 오산이었어요. 재클린은 처음부터 흠잡을 데 없는 매너로 백악관을 사로잡았거든요. 외교관을 방문하는 관례를 익히고, 직원들의 이름을 일일이 기억했으며, 선물을 받으면 하루를 넘기지 않고 감사 카드를 보냈어요. 옷도 우아하고 자신감 넘치게 입었어요. A라인 드레스와 커다란 선글라스, 굽이 낮은 펌프스, 여신 같은 파스텔 톤의 야회복 등이 대표적이었지요.

백악관의 권위를 세우는 건 쉬운 일은 아니었어요. 이전의 백악관은 볼품없는 모습이라 '낡아빠진 공공 주택'이라고 불렸거든요. 신랄한 유머 감각을 지닌 재클린은 '정초에 재고 정리에 들어간 도매 가구점' 같다고 표현했어요. 접견실은 촌스러운 빈티지 모조품으로 가득했고, 벽은 군데군데 페인트가 벗겨졌으며, 양탄자는 색이 바랬고, 대통령 집무실에는 싸구려 마루가 깔렸지요. 책장과 골동품도 거의 없어서 정말 보잘것없는 풍경이었어요. 대대적인 변신이 필요했지요.

이전까지 대통령 가족은 백악관을 떠날 때 원하는 물건을 뭐든 가져갈 수 있었어요. 그래서 대통령이 바뀔 때마다 유서 깊은 가구와 그림, 양탄자, 비싼 장식품이 사라졌어요. 재클린은 백악관 물건을 아무도 함부로 못 가져가도록 하는 새로운 법안을 지지해서 통과시켰어요. 곧이어 '백악관 미술 위원회'를 발족해서 오래된 가구들을 복원했어요. 그러면서 "이건 단순한 가구가 아니라 역사예요."라고 설명했어요. 그뿐만 아니라 백악관의 옛 영광을 되찾는 작업을 시작하며 처음 건설된 해인 1802년을 그 기준으로 삼았어요. 그리고 이렇게 말했어요.

"과거에 관심을 두지 않는다면 우리의 미래는 희망이 없어요."

하지만 1963년 11월 22일에 그 희망이 꺾이는 일이 발생했어요. 그날 케네디 대통령은 텍사스 주 댈러스로 선거 유세를 떠나면서 재클린에게 같이 가 달라고 부탁했어요. 그리고 평생 처음으로 입고 싶은 옷이 있는지 물었지요. 재클린은 여러 옷을 보여 주었고, 케네디는 그중에서 샤넬 복제품을 최고로 꼽았어요. 깔끔한 라인이 돋보이는 분홍색 모직 정장으로 칼라와 테두리는 남색이었고, 당연히 그에 어울리는 필박스 모자도 썼어요. 하지만 그 깔끔한 분홍 정장이 영원히 비극을 떠올리게 하는 옷차림이 될 줄은 아무도 몰랐지요.

그날은 맑고 화창했어요. 재클인은 가만히 있어도 절로 미소가 떠올랐고, 사람들을 향해 기분 좋게 손을

흔들어 보였지요. 대통령 내외가 탄 링컨 컨버터블은 경호를 받으며 천천히 엘름 가로 들어섰어요. 거리에 늘어선 열성적인 팬들이 교과서 보관 창고 건물을 지나는 두 사람을 환영했어요. 그 때였어요. 별안간 총소리가 울려 퍼졌어요. 놀란 군중은 우왕좌왕했어요. 리 하비 오스왈드라는 암살범이 대통령을 향해 방아쇠를 당긴 거예요.

온 나라가 대통령의 죽음을 애도할 때, 재클린은 대중에게 이런 메시지를 전했어요.

"위대한 대통령은 다시 나올 거예요. 하지만 카멜롯은 다시는 없겠지요."

아서 왕의 전설에 빗댄 로맨틱한 비유였어요. 그리고 남편의 유산이 아서 왕 이야기처럼 지속되기를 바라며 장례식 말미에 직접 '불멸의 불꽃'에 불을 붙여 '영원한 생명'을 이어가게 했어요. 상징의 힘이 얼마나 강한지 알고 있던 거예요. 미국 국민의 다가올 세대를 위해 밝게 빛날 테니까요.

재클린은 나중에 재혼해서 사생활을 감추며 살았지만, 출판 편집자로서 큰 명성을 얻었어요. 대신 더 큰 선글라스를 끼고 검은 옷을 자주 입었어요. 파파라치 사진이 찍히는 걸 피하기 위해서였지요.

재클린 케네디 스타일

A라인 시스 드레스

엔벨로프 클러치

필박스 모자

진주 목걸이

굽이 낮은 펌프스

알이 큰 선글라스

에나멜 장신구

하얀 염소 가죽
장갑

색상

스커트 패션의 역사

스커트는 인류 역사상 두 번째로 오래된 의복이에요. 남녀 모두 입었고, 다른 어떤 의복보다 다양한 형태로 변해 왔지요. 역사상 가장 오래된 스커트는 허리에 두르는 천인 '로인클로스'였지요. 다양하게 변화해온 스커트의 역사를 알아보아요.

14세기(중세) 유럽 여성들은 땅에 닿을 정도로 길고 무거운 스커트를 입었어요. 남성들은 말을 타고 사냥을 하거나 움직이기 편한 짧은 치마를 입었지요.

기원전 206년-기원후 489년, 부유한 중국 여성들은 알록달록한 색상의 긴 치마를 허리에 동여매서 길게 늘어뜨렸어요. 그런데 너무 길어서 밑단이 끌려 더러워지지 않게 하려면 하녀들이 뒤에서 잡아 줘야 했어요.

16세기에는 파딩게일을 입어서 멋을 낼 수 있었지만 그만큼 움직이기는 힘들었어요. 엘리자베스 여왕이 입은 파딩게일은 밧줄이나 고래수염, 철사로 된 고리를 넣어 딱딱하게 만들었는데, 치마폭이 최대 150cm나 됐어요. 그래서 폭이 넓은 치마도 통과할 수 있도록 문틀을 넓혀야 했지요.

기원전 2600-기원전 1400년, 크레타 섬(오늘날의 그리스)에 살던 미노아인은 종 모양의 A라인 스커트를 입었어요. 거기에 금속이나 나무로 된 고리를 층층이 넣어 주름 장식을 달았지요.

17-18세기에는 앞뒤가 판판하고 엉덩이의 양옆만 튀어나온 파니에를 입었어요. '바구니'라는 뜻의 파니에는 나무나 금속, 갈대, 고래수염으로 만들었지요. 마리 앙투아네트는 답답한 파니에를 싫어해서 헐렁한 드레스를 즐겨 입었어요.

1856년, 여자들 사이에서 '스커트'라는 은어가 사용되었고, 새장 모양의 크리놀린이 유럽과 미국 전역을 휩쓸었어요. 금속으로 만든 크리놀린은 페티코트 안에 입었는데, 갑자기 돌풍이라도 불면 우산처럼 뒤집어져 나뒹굴곤 했지요.

1864년, 엉덩이 부분을 부풀린 '버슬'을 입은 여성들은 꼭 달팽이처럼 보였어요. 쿠션 패드나 나무틀, 철사로 만든 버슬 때문에 한걸음에 15cm 씩밖에 못 움직였고, 의자에 앉는 것도 불편했지요.

1889년, 무릎 밑이나 발목까지 내려오는 길이의 '호블 스커트'도 여자들의 다리를 감싸서 걸음걸이가 자유롭지 못했어요.

1941년, 제2차 세계 대전 중이었던 미국에서는 '고쳐서 오래 쓰자'라는 정신이 팽배했고, 전시 배급 제도에 따라 스커트에 쓸 만한 단추와 주름, 천 등의 수량이 제한되었어요. 시대의 흐름에 따라 여자들은 '유틸리티 스커트'라는 품이 넉넉한 치마를 유니폼처럼 입고 다녔지요.

1950년대에는 미국 고등학생 사이에서 서클 스커트가 교복처럼 자리 잡으며 패션에 새 바람이 불었어요. 서클 스커트에는 천이 10m나 들어갔고, 모양을 유지하려면 펼친 우산 위에 놓고 말려야 했어요. 그중에서도 푸들 스커트가 제일 인기를 끌었는데, 독특하게도 펠트 원단을 사용하고 아래쪽에는 푸들 무늬를 덧댄 치마였지요.

1921년, 미국에서 여성들이 참정권을 얻으면서 치맛단도 올라갔어요. 드롭 웨이스트 스타일의 주름 스커트 덕분에 '왈가닥' 아가씨들은 드디어 아장거리지 않고 계단을 오를 수 있었지요. 조세핀 베이커가 유럽과 미국을 돌며 신나게 몸을 흔들던 이 시기에는 정강이를 살짝 드러내는 게 최고의 멋이었어요.

1960년대, 누가 먼저 달에 첫발을 내딛느냐를 놓고 경쟁이 붙은 이 시기에, 미국 여성들도 역사상 가장 짧은 치마인 미니스커트를 입는 '거대한 도약'을 했어요. 무릎 위로 15cm나 올라가는 초미니스커트도 있었지요.

1970년대, 자유를 갈망하는 미국 여성들은 중동 패션에서 영감을 받은 히피 스커트, 혹은 '브룸스틱 스커트'를 입었어요. 고대 미노아 인의 치마와 매우 흡사한 모양이었지요.

1980년대, 마돈나를 비롯한 패션계의 스타들은 레이스가 겹겹이 달려 푹신푹신한 드레스를 입었어요.

오늘날은 전 세계적으로 다양한 스커트가 사랑받고 있어요. 길이에 따라 맥시, 미디, 미니 스커트, 형태에 따라 밑단이 퍼지거나 몸에 딱 맞는 스커트 등이 있어요. 자신의 스타일에 맞게 선택하거나 매일 다른 스커트를 입어 보세요.

심각하게 충고하는데,
자신을 심각하게 생각하지 말아요

엘런 드제너러스
1958년생

> *"제가 볼 때 삶에서 제일 중요한 건 진실하게 사는 거예요.*
> *남과 비교하며 주저앉지 말고요."*
>
> 엘런 드제너러스

화장품 광고를 찍는 카메라가 엘런의 얼굴을 클로즈업했어요. 그러자 얼굴을 찡그리며 모델처럼 입을 삐죽 내밀었지요. 도자기처럼 매끄러운 피부와 새끼 기린처럼 긴 속눈썹을 유지하는 비결을 말해 주려는 것 같았어요. 하지만 다음 순간, 회색 눈을 가늘게 뜨며 이렇게 말했지요.

"어떤 모델들은 거의 미치광이 같아요."

그러더니 연극배우 같은 포즈를 취하고 한쪽 어깨를 뒤로 빼면서 이렇게 주장했어요.

"백화점 화장품을 너무 많이 바른 것 같아요."

그럴 수도 있지만 진짜 이유는 따로 있을지도 몰라요. 그들은 엘런과 달리 패션을 너무 심각하게 받아들였던 게 아닐까요?

코미디언이자 토크쇼 진행자인 엘런은 남을 비판하는 걸 좋아하지 않아요. 커다란 거울을 들여다보지도 않고 '반드시 따라야 할 패션 수칙' 같은 걸 혐오하지요. 대신 이런 충고를 자주 해요.

"자신을 있는 그대로 받아들이세요. 연쇄 살인마가 아니라면요."

이런 말을 들으면 자신을 받아들이는 게 쉽고 간단할 것만 같아요. 하지만 엘런의 멋진 조끼와 편안한 스니커즈 이면에 숨은 진실은 그렇지 않았어요. 엘런은 언제나 자신을 그대로 받아들였지만, 사람들이 엘런을 이해하는 데에는 오랜 시간이 걸렸거든요. 길고 힘든 싸움이었지요.

엘런 드제너러스는 1958년 1월 26일, 뉴올리언스 외곽에서 태어났어요. 열세 살 때 부모가 이혼한 뒤 웃음이 지닌 힘을 알게 되었지요. 그래서 어머니가 우울해 할 때마다 유쾌한 농담으로 기운을 북돋워 주었어요. 고등학교를 졸업한 후에는 뉴올리언스의 동네 클럽에서 스탠드업 코미디를 했어요. 대부분의 코미디언이 다른 인종이나 종교, 성별을 비하하는 농담을 할 때, 엘런은 할머니 얘기로 사람들을 웃겼어요.

"세상에 팽배한 공포와 적대감은 지금으로도 충분하니까요."

엘런은 진심으로 그렇게 믿었어요. 그리고 마침내 로스앤젤레스에서 데뷔했어요. 할리우드의 즉흥 코미디 클럽에서 공연하다가 투나잇 쇼 계약 담당자의 눈에 띈 거예요. 전설적인 사회자 자니 카슨이 진행하던 때였지요. 카슨은 코미디언들이 맡은 코너를 끝내면 그중 제일 인상적인 사람을 무대로 불러 일대일 인터뷰를 했어요. 엘런은 카슨이 진행석으로 불러서 인터뷰한 첫 번째 여성 코미디언이 되었어요. 그리고 훗날 그때를 회상하며 '식탁보 같은 셔츠와 거대한 바지 차림'으로 TV에 출연했다면서 '신드바드에게 조언을 받은 패션'이었다고 익살을 부렸어요.

1994년에는 〈엘런〉이라는 시트콤의 주인공이 되었어요. 정체성을 고민하는 신경질적인 서점 주인 역할이었지요. 그리고 고정관념을 뛰어넘는 걸 두려워하지 않은 그녀답게 4,200만 시청자 앞에서 자신이 동성애자라고 밝혀서 모두를 충격으로 몰아넣었어요. 황금

시간대 텔레비전 프로그램에서 여성이 커밍아웃을 하는 건 유례가 없는 일이었어요. 어마어마한 반발이 일어났고, 그동안 쌓아 올린 경력도 치명타를 입을 수밖에 없었어요. 에미상 후보에 네 번씩 오르고, 골든 글로브는 세 번이나 수상한 프로그램이 결국 이듬해에 폐지되고 말았지요. 여러 잡지와 심야 토크쇼는 '게이 같은 그녀'라는 헤드라인으로 엘런을 폄훼했어요. 텔레비전에 출연한 전도사 제리 폴웰은 '타락한 엘런'이라며 유치하게 공격했는데, 엘런은 훗날 이 말을 자신의 쇼에서 써 먹었지요. 커밍아웃을 하고 3년간 섭외 전화가 한 통도 오지 않았고, 일을 구할 수도 없었어요. 이 시기에 엘런은 세상에 분노했지만, 동시에 자기 자신에게 이런 질문을 던졌지요.

"인기가 사라지고 나면 너는 누구니?"

그래서 엘런은 초심으로 돌아가서 자기가 가장 사랑했던 일을 했어요. 바로 스탠드업 코미디였어요. 여전히 악의 없는 공연을 하며 재치 있는 농담을 터뜨렸어요. 이런 남다른 자세 덕분에 픽사 애니메이션 〈니모를 찾아서〉에서 도리의 목소리도 맡게 되었어요. 처음부터 엘런을 염두에 두고 만든 역할이었지요. 영화에서 블루탱으로 그려진 사랑스러운 물고기 도리는 낙심한 친구 말린을 이렇게 응원해요.

"계속 헤엄치고, 헤엄치고, 또 헤엄치면 돼."

엘런도 이 충고를 충실하게 따랐어요. 그리고 3년 후, 자신의 이름을 건 토크쇼 〈엘런 드제너러스 쇼〉의 사회자가 되었지요. 뿐만 아니라 이 프로그램으로 데

"매일 혼자 조용한 시간을 보내세요. 시끄러운 환경 속에서는 당신이 누군지 잊고 살기 쉽거든요." —엘런 드제너러스

이타임 에미상을 36회 수상했고, 세 권의 베스트셀러를 낸 작가가 되었으며, 레코드 회사를 차렸고, 커버걸 화장품의 광고 모델로 선정된 데다가 아메리칸 아이돌의 심사 위원으로도 활약했어요. 2015년에는 패션 의류와 인테리어, 애완동물 용품을 아우르는 소매 브랜드 E.D.를 출시했지요. 한편 에미상과 아카데미 시상식의 사회를 보기도 했어요. 2007년 아카데미 시상식에는 평소처럼 수수한 모습으로 나타났어요. 구찌의 적갈색 벨벳 정장에 흰 블라우스 차림이었지요. 엘런 나름대로는 진지한 패션이었어요. 2001년 에미상 시상식에는 장난스러운 복장으로 참석했거든요. 흰 깃털이 풍성한 스커트를 입고 백조 인형을 목에 감았는데, 가수 비요크가 일 년 전에 아카데미 시상식에서 선보인 드레스를 따라 한 거였어요. 2014년 아카데미 시상식에서는 오프닝 모놀로그에 검푸른 벨벳 정장을 입고 나왔다가 흰색 테일러드 슈트로 갈아입었어요. 엘런의 토크쇼는 현재까지도 낮 프로그램 중에서 시청률 상위권을 유지하고 있어요. 방송에서 춤추는 데 제약이 없는 의상을 고수하는 만큼, 스타일리시한 블레이저와 조끼, 바지에 스니커즈를 받쳐 신는 경우가 많지요. 활기가 넘치는 성격이지만 옷은 주로 흰색, 회색, 검은색 같은 무채색이나 남색 정도만 입어요. 가끔은 줄무늬 넥타이나 물방울 무늬 양말, 화려한 색상의 벨트로 발랄함을 더하기도 하지요. 화려한

112

조명 속에서 살아가는 스타지만 엘런은 트렌드를 따르지 않아요. 인터뷰를 통해 실은 내향적인 성격이라 수다를 좋아하지 않고, 자신에게 관심이 집중되는 것도 즐기지 않는다고도 밝혔어요.

엘런은 어디를 가든지 딱 한 사람을 위해 옷을 입었어요. 바로 자기 자신이지요. 언제나 편안함을 먼저 생각한 거예요. 2006년에 툴레인 대학교의 졸업식에 참석한 모습을 보면 편한 옷을 얼마나 좋아하는지 알 수 있어요. 멋진 인상을 남기려고 차려입는 다른 초청 연사들과 달리 타월로 된 목욕 가운에 털 슬리퍼를 신고 나타나서는 빳빳한 학사모에 가운을 입고 어안이 벙벙해 있는 졸업생들을 둘러보며 이렇게 말했지요.

"다들 가운을 입고 올 거라고 들었거든요."

이어진 졸업식 연설에서 엘런은 이렇게 말했어요.

"다른 사람이 간 길을 그대로 따라 가지 마세요. 숲 속에서 길을 잃었을 때 남들의 흔적을 찾는 경우가 아니라면 말이에요."

좋은 코미디언들이 으레 그렇듯이 엘런의 농담 속에는 언제나 진실이 담겨 있었어요. 패션 스타일은 어딘지 모르게 장난스럽고 엉성한 데다가 때로는 우스꽝스러웠지만, 정직한 마음을 간직했기에 늘 바른 길을 갈 수 있었어요.

엘런의 스타일 조언

1. **매일 치실을 사용해요.** 엘런은 치실 사용이 건강의 핵심이라고 생각했어요. 그래서 항상 치실을 사용했어요. 이가 하나라도 빠지면 누구든 못나 보이잖아요.

2. **사람들에게 친절하게 대해요.** 엘런은 게스트가 올 때마다 정성이 담긴 선물을 주었어요. 다른 연예인을 절대 험담하지 않았고, 매번 "서로를 친절하게 대하세요."라는 말로 프로그램을 끝마쳤지요.

3. **물을 많이 마셔요.** 엘런은 피부가 참 좋아요. 물이 그 비결일 거예요.

4. **춤추고 웃고 놀아요.** 구글에서 엘런의 이미지를 찾으면 거의 다 밝게 웃고 있어요. 패션에서도 엘런의 장난기를 찾아볼 수 있어요. 어떤 드레스나 셔츠를 입었을 때 방을 빙빙 돌며 춤출 마음이 들지 않는다면 그 옷은 사지 마세요.

윌렌처럼 넥타이 매는 법

'윈저 노트'와 '하프 윈저 노트'는 늘 맵시 있는 옷차림을 선보였던 윈저공의 이름을 딴 거예요. 하지만 성을 소유한 공작이 아니라도 얼마든지 당당해 보일 수 있어요. 지금부터 소개할 방법은 하프 윈저 노트예요. 윈저 노트보다 쉽고, 가벼운 천에도 맬 수 있어요

1
폭이 넓은 깃을 좁은
깃 위로 교차해서 위의
그림처럼 쭉 빼세요.

2
넓은 깃을 한 바퀴
감아 좁은 쪽 뒤로
보내세요.

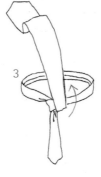

3
넓은 깃을 위로 올리세요.

4
매듭 뒤로 한 번 감으세요.

5
넓은 깃을 매듭 앞쪽으로
한 번 감으세요.

6
깃을 위로 빼서 다시 매듭
아래로 내리세요.

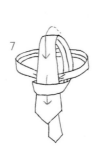

7
넓은 깃을 매듭 안으로
통과시키세요.

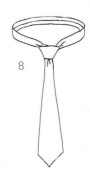

8
원하는 만큼 꽉 조이게
잡아당기세요.

엘런 드제너러스 스타일

느슨한 넥타이

윙팁 구두
앞코가 날개 모양처럼 생긴 구두.

뉴스보이 캡
영국의 신문 배달
소년들이 쓰던 모자.

바지 정장

에비에이터
선글라스

다채로운
패션 양말

레이어드
레이저 컷

세련된 조끼

흰색
블라우스

보이프렌드 진
남자친구한테 빌려 입은 듯한
헐렁한 청바지.

스니커즈

색상

패션계의
불사조

마돈나
1958년생

"모든 건 마음가짐에 달렸으니 자기 자신을 있는 그대로 사랑하세요."
마돈나

가수, 작곡가, 댄서, 배우, 어머니, 자선가, 작가, 기업가, 패션 아이콘.

도전적이고, 용감하고, 자기중심적이고, 재능 있고, 모순적이고, 충실하고, 항상 변신하고, 결코 정체하지 않는 사람.

마돈나를 가두는 건 불꽃을 밀폐된 병에 넣는 것과 같아요. 뚜껑을 닫으면 재만 남게 되지요. 하지만 밝게 타오르다가 결국 연소해 버리는 다른 슈퍼스타들과 달리 마돈나는 타 버린 재에서 거듭 다시 일어섰고, 그때마다 이전보다 더욱 독창적인 모습으로 부활했어요.

마돈나는 끊임없이 새로운 스타일을 만들어내며 뒤쫓아 오는 팬이나 추종자들과 숨 가쁜 추격전을 벌였어요. 오늘날까지도 널리 회자되는 마돈나의 펑크록 스타일을 보면서 1980년대의 청소년들은 하이라이트를 넣은 머리에 스타킹을 동여매서 머리를 다친 환자처럼 하고 다녔고, 은색 십자가와 묵주를 주렁주렁 달아 뱀파이어라도 물리칠 기세였지요. 그러던 어느 날, 마돈나는 할인 매장에서 치장한 신부처럼 변신했어요. 망사가 달린 천 스커트에 손가락이 없는 하얀 레이스 장갑을 끼고 어두운 빛깔의 립스틱과 풍성한 눈썹을 강조한 거예요. 마돈나의 차림새를 따라 하는 청소년이 워낙 많아서 메이시즈 백화점은 지점 하나를 '마돈나 랜드'로 꾸미고 네온색 브래지어와 레이스

레깅스, 검은색 튜브 스커트, 중고품 가게 스타일의 보석류로 가득 채웠지요. 하지만 벽장 안에 숨은 장난꾸러기를 찾아내듯이 팬들이 겨우 스타일을 따라잡았다 싶으면 마돈나는 또 새로운 모습으로 변신했어요. 연한 금발 머리는 뒤로 넘겨서 높이 묶어 늘어뜨리고 뾰족한 콘 브라를 입은 훨씬 간소화된 스타일을 선보였다가, 세련된 컬과 1950년대의 복고풍 드레스로 부드러운 모습을 선보이기도 했지요. 마돈나는 변신에 관한 자신의 철학을 이렇게 설명했어요.

"당신이 누구든, 무슨 일을 했든, 어디 출신이든 변신은 언제나 가능해요. 더 나은 자기 자신이 되는 거죠."

마돈나 루이스 베로니카 치코네는 1958년 8월 16일, 미국 미시간 주 베이시티에서 태어났어요. 아버지는 이탈리아계 이민 1세대로 직계 가족 중에서 유일하게 대학에 진학했어요. 졸업 후에는 방위 산업체에서 기술자로 일했고, 엑스레이 촬영 기사였던 마돈나의 어머니를 만나 결혼했어요. 하지만 방사선에 노출되는 직업 때문인지 마돈나가 겨우 여섯 살이 되던 해에 어머니는 유방암으로 세상을 떠났어요. 어머니의 죽음에 대해 마돈나는 훗날 이렇게 심정을 토로했어요.

"마음에 큰 구멍이 뚫린 듯했어요. 항상 공허하고 무언가를 갈망하는데……, 아마 그래서 성취 지향적인 사람이 된 것 같아요."

어머니를 잃은 상실감은 끝없이 튀고 싶어 하는 갈망으로 표출되었어요. 고등학생 때는 학교 장기자랑에서 개성을 보여주겠다며 비키니 차림에 형광색 바디 페인트를 칠하고 출연했지요. 독실한 가톨릭 신자였던 아버지는 아연실색했어요. 대부분의 여자아이들이 깜찍한 치어리더가 되고 싶어 할 때, 마돈나는 머리카락을 짧게 자르고 군화를 신은 데다가 다리와 겨드랑이의 털도 안 밀었어요. 하루에 세

시간 동안 발레 수업을 들으며 힘겨운 스케줄을 소화하기도 했지요. 연습 시간에는 찢어진 레오타드*를 안전핀으로 여미고, 검은색 고무 밴드로 된 팔찌를 찼어요. 마돈나는 패션에만 신경 쓰는 학생 같았지만 그렇지 않았어요. 전 과목 A를 받으며 한 학기 일찍 졸업했고, 파티에 가도 맥주는 안 마시고 당근만 우물거렸거든요. 이렇게 철저히 자기 관리를 한 결과, 장학금을 받고 미시간 대학에 진학했어요. 대학을 다니던 중 마돈나는 다른 길을 선택했어요. 2학년이 되던 1977년에 앨빈 에일리 아메리칸 댄스 시어터에서 공부할 수 있는 장학금을 받고 댄서의 꿈을 좇아 뉴욕으로 간 거예요. 뉴욕에서는 생활비를 벌기 위해 온갖 일을 다 했어요. 화가의 그림 모델도 하고, 고급 러시아 레스토랑에서 손님의 외투를 받아 보관하는 일도 하고, 던킨도너츠의 매장에서도 일했어요. 당시에 겨우 구한 4층짜리 아파트는 소음이 끊이지 않았고, 승강기도 없었으며, 바닥에는 바퀴벌레가 여기저기 기어 다녔어요. 하지만 바퀴벌레 따위를 겁낼 마돈나가 아니었지요. 전문적인 교육은 안 받았지만 가수가 되려고 노력했고, 뉴욕 다운타운의 뮤지션들과 교류했어요. 그리고 마침내 '브렉퍼스트 클럽'이라는 록밴드의 드러머가 되어 공연을 하게 되었지요. 마돈나는 드럼을 통해 음악적으로 자신을 표현하는 건 좋아했지만, 무대 뒤편에 서는 건 달가워하지 않았어요. 그래서 드럼 연주를 그만두고 '에미'라는 록그룹을 결성해서 스스로 리드 보컬이 되었어요. 그리고 이 팀이 해체된 뒤 인생의 첫 번째 큰 전환점이 찾아왔어요. 뉴욕 클럽의 DJ 마크 카민스를 찾아가 자신의 솔로곡인 〈에브리바디〉를 틀어 달라고 부탁한 거예요. 다음 날, 이 노래가 나오자 손님들은 열광했어요. 관객 반응이 좋자 카민스는 사이어 레코드에 마돈나의 이름을 알려 주었고, 덕분에 첫 번째 솔로곡을 계약하게 되었지요. 이런 인연이 이어져서 1984년에는 음반 계약을 맺었고, 〈아메리칸 밴드스탠드〉라는 TV 쇼에서 첫 히트곡인 '홀리데이'를 불렀어요. 사회자인 딕 클락이 마돈나에게 꿈을 묻자 마돈나는 이렇게 대답했어요.

---

*레오타드 : 다리 부분이 없고 몸에 꼭끼는 아래위가 붙은 옷.

"세계 정복이요."

　마돈나는 확실히 세계를 정복했어요. 발표하는 음반마다 히트했고, 영화 〈에비타〉로 골든글로브 여우주연상을 탔고, 네 아이의 엄마가 되었지요. 2006년에는 '레이징 말라위'라는 비영리 자선 단체를 공동 설립해서 말라위 아이들에게 더 나은 교육을 제공하고 삶의 질을 높여 주는 일을 했어요. 페미니스트 작가인 카밀 파글리아는 마돈나가 남긴 영원한 유산을 이렇게 설명했어요.

　"어린 여성들에게 어떻게 하면 매력적이고 관능적이며 활기차면서 의욕적이고 과감한 동시에 재미있을 수 있는지를 보여 줬어요."

　마돈나의 패션 감각은 오늘날 가장 유명한 팝스타들에게도 큰 영향을 끼쳤어요. 레이디 가가는 〈엣지 오브 글로리〉의 뮤직비디오로 마돈나의 1980년대 스타일에 경의를 표했어요. 금발 머리를 짧게 자르고는 징이 박힌 가죽 재킷을 입고 온통 금으로 치장한 거예요. 리아나는 '블랙 마돈나'가 되고 싶다고 말했고, 그웬 스테파니는 마돈나의 스타일을 표절했다고 비난받자 "내 나이 또래 여자들 중에서 마돈나의 영향을 안 받은 사람이 어디 있어요."라며 항변했지요. 온라인 음악 사이트 '아티스트 디렉트'의 릭 플로리노는 패션 리더로서 마돈나의 영향력을 다음과 같이 요약했어요.

　"마돈나는 어디에나 영향을 주었고, 그녀가 어디로 사라지는 일도 없을 거예요."

　오늘날에도 마돈나가 어떤 모습으로 레드카펫에 나타날지는 아무도 몰라요. 마돈나의 스타일은 상황에 따라 극적으로 변해요. 발매한 앨범마다 1위를 차지하는 음반 차트의 무법자지만, 한편으로는 세심한 엄마이자 자선 사업가니까요.

마돈나의 1980년대 스타일

머리 리본

십자가 귀걸이

어두운 금발

파란 아이셰도

빨간 입술

젤리 팔찌

손가락 끝 부분이 뚫린
레이스 장갑

여러 겹으로 된
레이스 스커트

레그 워머

여러 겹의 목걸이

짧은 청조끼

네온 색상

당당하고
수수한 스타일

미셸 오바마
1964년생

"미셸은 하이 패션이든 일반 패션이든 가리지 않아요.
현대적이고 민주적이고, 무엇보다 아주 미국적이죠."

앤드루 볼튼, 의상 연구소 큐레이터

모든 건 주먹 박치기에서 시작됐어요. 2008년에 버락 오바마가 민주당 대선 후보로 선출된 후, 부인 미셸과 나눈 가벼운 손동작이었지요. 그런데 그 동작이 미셸의 당당한 옷차림과 너무나 잘 어울렸거든요. 선명하고 진한 보라 색상의 실크 크레페 시스 드레스를 징이 박힌 벨트와 알사탕 크기의 진주 목걸이로 장식했고, 스타킹은 신지 않았어요. 대담한 색상과 깔끔한 라인이 돋보인 의상은 찬사를 받았지만, 주먹을 부딪치는 행위는 논란을 불러일으켰어요. 너무 공격적인 행동이라고 비난받는 한편, 지지자들에게는 사랑스러운 제스처로 받아들여졌지요. 어쨌든 한 가지는 확실했어요. 팔 근육을 꿈틀거리며 주먹을 부딪치는 걸 보면, 미셸은 얌전하게 뒤로 빠져 있는 타입은 아니라는 거예요.

미셸의 옷차림은 이전의 영부인들과는 확실히 달랐어요. 과감한 패턴이 들어간 A라인 시스 드레스를 입어 팔뚝을 전부 드러내는가 하면, 스타킹이 '고통스럽다'며 신지 않았고, 맨다리로 다니는 게 훨씬 기분이 좋다고 말하곤 했어요. 그리고 중요한 건, 터무니없이 비싼 옷을 입지 않아도 얼마든지 우아해 보일 수 있다는 걸 증명한 거예요. 물론 중요한 행사에 갈 때는 고급 맞춤복을 입기도 했지만, 〈투나잇 쇼〉에 출연할 때는 제이크루의 카디건과 펜슬 스커트를 입기도 했지요. ABC 모닝쇼 〈더 뷰〉에서는 흰색과 검은색 나뭇잎 무늬가 찍힌 148달러(한화 약 16만 원)짜리 민소매 시스 드레스를 입고 나왔어요. '화이트하우스 블랙마켓'이라는 의류 브랜드의 제품이었지요. 마리 앙투아네트의 헐렁한 슈미즈 드레스(28쪽 참조)처럼, 미국의 일반 여성들도 영부인처럼 편안하고 스타일리시한 옷을 입을 수 있게 된 거예요.

소박한 성장 배경을 보면 미셸의 수수한 옷차림이 더욱 이해가 되지요. 미셸 로빈슨 오바마는 1964년 1월 17일, 시카고 슬럼가인 사우스 사이드의 방 하나짜리 아파트에서 태어나 자랐어요. 아버지는 수력 발전소의 펌프 작동 기사였고 어머니는 집에서 미셸과 오빠인 크레이그를 돌봤어요. 미셸은 어릴 때부터 게으름을 부릴 줄 몰랐어요. 머리가 좋아서 두 개 학년을 건너뛰었고, 늘 우등상을 받았으며, 내셔널 아너 소사이어티(전국 모범 학생 모임)의 회원이었지요. 고등학교를 졸업한 뒤 프린스턴 대학에 진학했고, 이어서 하버드 로스쿨에 들어갔어요. 첫 직장은 시카고의 로펌인 시들리 오스틴이었는데, 거기서 버락 오바마라는 젊고 유망한 청년 인턴을 만났지요. 처음 만났을 때 버락은 그리 좋은 인상이 아니었어요. 보기 흉한 스포츠용 재킷을 입은 데다가 담배를 물고 있었거든요. 비록 첫인상 공략에는 실패했지만 결국 버락은 미셸을 매료시켰어요. 대통령으로 취임한 2008년에는 담배도 끊었지요. 결혼해서 두 딸을 낳은 후에 버락은 대통령에 출마하기로 결심했어요. 미셸은 선거 운동을 도우려고 일을 그만두었고, 그때부터 침착하지만 강력하게 남편을 내조했지요. 미셸의 대표적인 스타일은 민소매 시스 드레스고, 핏앤플레어*드레스에

*핏앤플레어 : 상체는 꼭 맞고 스커트는 퍼지는 스타일.

디자이너 크리스티앙 디오르는 보라색을 '색상의 왕'이라고 불렀어요. 미셸은 선거 유세를 다닐 때 보라색을 자주 입었어요.

최고의 엄마인 미셸 오바마는 두 딸인 사샤와 말리아를 '내 심장 중의 심장(The heart of my heart)'이라고 불렀어요. 그리고 딸들도 자신처럼 보통 사람으로 자라기를 원했지요. 사샤와 말리아는 매일 아침 각자의 침구를 정리하고 제 또래에게 인기 있는 브랜드 옷을 입었어요.

하이 웨이스트 벨트를 매서 큰 키를 강조한 패션이에요. 중성적인 느낌의 파워 슈트를 입고 딱딱한 머리 스타일을 했던 바로 직전의 영부인과 비교되어 더욱 신선하게 느껴졌지요. 하이-로 패션은 미셸을 상징하는 스타일이 되었어요. '제이크루'나 '갭'에서 산 합리적인 가격의 의상에 고급 디자이너 브랜드의 장신구나 개인 소장품인 브로치를 다는 스타일이지요. 미셸은 평범한 브랜드의 드레스도 자신만의 스타일로 소화할 수 있다는 것을 보여주었어요. 패션 센스에 관한 질문을 받자 미셸은 이렇게 대답했어요.

"예뻐 보이는 건 재미있는 일이에요."

패션의 진정한 재미를 아는 거예요. 여러 백악관 행사에서 신발을 벗고 맨발로 잔디밭을 뛰어다녔고, 편한 카프리 팬츠 차림으로 훌라후프를 돌렸어요.

미셸이 찍힌 사진에서 가만히 서 있는 모습을 찾기는 무척 힘들어요. 매일 새벽 다섯 시에 일어나서 남편과 함께 운동하고, 아이들을 학교에 데려다주지요. 아이들에게 건강한 먹거리를 제공하려고 워싱턴 D.C.의 초등학생들과 함께 손에 흙을 묻혔고, 백악관 부엌의 정원에서도 식재료를 키웠어요. 그리고 아이들을 운동시키기 위해 '렛츠 무브' 캠페인을 벌이며 가는 곳마다 직접 춤도 추었어요. 패션이 의사소통이라면, 미셸은 현실적인 대화를 하는 사람이었어요. 자신은

'신비로울 게 없는 성격'이라면서 이렇게 말했지요.

"저는 다른 누구도 아닌 미셸 오바마이고 싶어요. 사람들이 저를 보고 혼란스럽지 않았으면 좋겠어요."

미셸은 저렴한 여름용 원피스에 플랫 슈즈를 신고 다른 엄마들과 마찬가지로 바쁘게 살고 있어요. 아이들을 축구 연습에 데려다주면서 자기 일도 열심히 하느라 정신이 없는 엄마 말이에요. 물론 패션까지 세심하게 신경 쓸 여력이 없는 엄마들도 많겠지만요.

〈더 뷰〉에서 미디어가 왜 자신의 옷차림에 집착하는 것 같으냐는 질문을 하자, 미셸은 평소처럼 무심하게 "제가 가십거리를 조금 제공하는 것뿐이에요."라며 자신에게 관심이 집중된다는 말을 일축했어요. 이토록 태연한 성격 때문인지 패션 센스는 물론이고 걸음걸이나 말하는 방식도 시원시원하지요. 과거에 백악관 직원들은 살을 드러내면 안 됐어요. 워싱턴 D.C.의 찌는 듯한 무더위에도 여자들은 팔을 가리고 다리는 스타킹으로 꽁꽁 감싸야 했지요. 하지만 미셸이 그 모든 걸 바꿔 놓았어요. 〈피플〉지의 워싱턴 지국장 샌드라 소비에라이 에스트폴은 미셸을 이렇게 평가했어요.

"무엇이 전문가답고 만족스러운 것인지의 기준을 재정립한 덕분에 우리 여성들이 더 많은 옵션을 누릴 수 있게 되었다."

편안한 카디건과 민소매 드레스 차림으로 주먹 박치기를 하는 미셸 오바마는 빈부와 계층에 상관없이 패션을 사랑하는 이들의 가슴 속에 한 자리를 차지했어요.

미셸 오바마 스타일

대담한 패턴

$148

적당한 가격이에요.

시스 드레스

알이 굵은
진주 목걸이

꽃 모양 브로치

리본 모양 브로치

아령

팔 근육 강화를 위해 필요한 운동 기구.

건강한 먹거리

밝은 색상

카디건

넓은 벨트

펜슬
스커트

미국 영부인 패션의 역사

역사상 미국 영부인들은 트렌드를 이끌고 미국의 패션 스타일의 상징이 되어 왔어요. 가장 기억에 남는 영부인들과 그들이 사랑한 패션을 만나 보아요.

**마사 워싱턴
1731-1802년**

마사 워싱턴이라고 하면 보통은 흰 스카프를 두르고 모자를 쓴 그림 속의 노부인을 떠올리지만, 젊은 시절에는 생기발랄한 모습이었어요. 옷을 좋아했지만 일반 시민들의 삶을 이해한다는 뜻으로 검소한 의상을 입었지요. 특히 손으로 짠 드레스를 즐겨 입었는데, 때로는 실크 스타킹을 재활용해서 만들기도 했어요.

**돌리 매디슨
1768-1849년**

돌리는 낮은 목선의 드레스와 깃털을 단 터번으로 언제나 사람들의 시선을 끌었어요. 자신이 주최한 파티에서는 어깨에 앵무새를 앉혀 놓고 웃는 얼굴로 손님을 맞았지요. 호화로움과 서민적인 취향 사이에서 균형을 맞춰 나간 영부인이었어요.

**줄리아 타일러
1820-1889년**

줄리아는 관심이 집중되는 걸 부담스러워하지 않았어요. 언론을 피한 다른 영부인들과 달리 기자들과 친하게 지냈고, 당시에는 신기술이었던 사진의 모델을 한 첫 번째 영부인이었어요. 이탈리안 그레이하운드를 늘 데리고 다녔고, 공식적인 행사에는 흰색 새틴 드레스에 다이아몬드 페로니에르*를 하고 참석했어요.

*페로니에르 : 보석을 이마에 두르는 머리 장식.

해리엇 레인 존스턴
1830-1903년

미국인들은 남북 전쟁으로
피폐한 중에도 제임스 뷰캐넌
대통령의 조카인 해리엇*에 대해
끊임없이 얘기했어요. 해리엇의
깊이 파인 버서 칼라* 목선도
두고두고 회자되었지요. 해리엇은
패션 못지않게 자선활동으로도
유명했어요. 해리엇이 설립한
해리엇 레인 병원은 현재 미국
메릴랜드 주 볼티모어에 있는
존스홉킨스 아동 병원의 일부로
남아 있어요.

*해리엇 : 미혼이었던 삼촌의 영부인 역할을 함.
*버서 칼라 : 흰 레이스가 어깨까지 드리워진 칼라.

메리 링컨
1818-1882년

남북 전쟁이 일어나지만 않았어도
메리는 패션 아이콘으로 남았을
거예요. 하지만 대다수의 시민이
빈곤에 시달리던 시기라 화려한
패션은 금기시되었어요. 값비싼
실크로 만든 거대한 드레스를 입고
다니는 영부인을 보며 사람들은
돈을 흥청망청 쓴다고 비난했지요.

프랜시스 클리블랜드
1864-1947년

'프랭키'라는 애칭으로 불린
프랜시스는 광고계를 휩쓴 첫
번째 영부인이었어요. 비누와
향수는 물론이고 비스킷 통에서
간장약까지 프랜시스의 사진이
안 붙은 곳이 없었지요. 미국
여성들은 너나 할 것 없이
엉덩이가 볼록한 드레스와
번헤어*를 따라 했어요.

*번헤어 : 일명 '똥머리'라고 하는
머리 모양으로, 머리를 뒤로 높게
묶어 틀어 올린 모양.

그레이스 쿨리지
1879-1957년

1920년대 들어 여성에게도 드디어
투표권이 생겼고, 바지를 입고 스포츠를
하는 것도 허용됐어요. 그레이스는
혁신적인 최신 트렌드를 모두
받아들였어요. 민소매 플래퍼 드레스*
차림으로 애완용 너구리와 함께 사진기
앞에서 포즈를 취했지요.

---

*플래퍼 드레스 : 허리선이 없거나
　낮은 일자형 드레스.

엘리너 루스벨트
1884-1962년

엘리너는 사치품에 관심이 없었어요.
멋진 모자라면 예외였지만요. 미국의
영부인으로서 대공황 시기에 빈곤으로
고생하는 대다수 여성과 함께한다는
뜻으로 5달러짜리 기성복 드레스를
입었지요. 노동자 계급의 여성들은 이런
영부인을 본받아 검소한 디자인의 면
드레스를 입었어요.

메이미 아이젠하워
1896-1979년

메이미는 온몸을 분홍색으로 꾸몄어요.
풍선껌 같은 분홍색을 많이 입어서
그 색상을 '메이미 핑크'라고 부를
정도였지요. 여성스러운 오프숄더
드레스와 베이비 뱅 헤어스타일, 모피
숄로 유명했고, 모자도 자주 썼어요.
물론 분홍색으로요.

재클린 케네디
1929 - 1994년

트렌디하게 입는 건 쉬워요. 대세를 따르면 되니까요. 하지만 자신만의 스타일을 갖는 건 다른 문제예요. 이런 스타일은 시대를 초월하지요. 재클린은 스타일을 만들었을 뿐만 아니라 백악관까지 세련되게 변신시켰어요. 별 어려움 없이 말이에요. 단순한 A라인 드레스와 진주 목걸이, 알이 큰 선글라스는 오늘날까지도 세련된 패션의 상징으로 남아 있지요.

낸시 레이건
1921 - 2016년

1980년대는 파워 수트*와 어깨 패드, 하이웨이스트 청바지의 시대였어요. 낸시는 강인함과 여성미 사이에서 균형을 맞춰 숙녀의 상징인 흰 장갑을 끼고 칼럼 드레스*를 입었지요. '레이건 레드'라고 이름 붙인 선명한 진홍색의 맞춤 정장도 자주 입었어요.

----

*파워 수트 : 전문직 여성들이 즐겨 입은 중성적인 스타일의 정장.

*칼럼 드레스 : 기둥 같은 일자형의 단순한 드레스.

미셸 오바마
1964년생

미셸은 비싼 옷을 고집할 필요가 없다고 생각했어요. 명품 디자이너 의류와 인기 소매점의 기성복을 잘 어울리게 섞어 입는 걸로 유명했지요. 카디건 차림으로 엘리자베스 여왕과 포옹하고 반바지 차림으로 줄넘기를 하는 등 실용적인 스타일을 고수했어요.

레이디 가가

1986년생

*"사랑들이 자신의 멋진 미래를 마음껏 상상하다가,
그 상상을 현실로 만들기 위해 하루하루 열심히 싸워 나갔으면 좋겠어요."*

레이디 가가

히치콕 감독의 영화 〈현기증〉의 주제곡이 울려 퍼지고, 점액으로 뒤덮인 우주선에서 외계인이 나왔어요. 상의에서는 모조 다이아몬드가 번쩍이고, 머리는 마리 앙투아네트 스타일로 높이 쌓아 올린 여자의 모습이에요. 이마에는 날카로운 산봉우리 같은 게 튀어나왔고, 턱에는 괴상하게 생긴 제3의 눈이 붙어 있어요. 카메라가 점막을 까맣게 칠한 검은 눈으로 줌인하면 레이디 가가는 단조로운 말투로 이렇게 말해요.

"이것은 '마더 몬스터' 선언이다."

레이디 가가의 뮤직비디오가 거의 그렇듯이 대표작인 〈본 디스 웨이〉의 이미지도 해석이 쉽지 않아요. '선언'이 무슨 뜻이냐는 질문에 레이디 가가는 자기가 꿈꾸는 다른 세상이 있다며 이렇게 대답했어요.

"인류 중에 새로운 종족이 있는데, 편견이 전혀 없는 인종이에요."

레이디 가가의 패션도 이 세상과는 거리가 멀어 보였어요. 디스코볼 브라에서 생고기를 두른 드레스까지 눈을 뗄 수 없는 스타일을 선보여서 코미디언이나 심야 토크쇼 사회자들에게 끊임없

이 농담거리를 제공했어요. 하지만 마지막에 웃는 건 레이디 가가였어요. 디지털 앨범 판매량 4백만 장을 넘기는 신기록을 세웠고, 팬들('리틀 몬스터'라고 불러요.)은 레이디 가가의 기발한 스타일을 열광적으로 추종했거든요.

본명이 '스테파니 조앤 안젤리나 저마노타'인 레이디 가가는 어린 시절을 큰 어려움 없이 보냈어요. 맨해튼 어퍼 웨스트사이드의 부유한 가정에서 태어났고, '콘벤트 오브 더 새크리드 하트'라는 여자 고등학교에 다녔지요. 패리스와 니키 힐튼 같은 사교계의 여왕들이 활보하는 학교였어요. 하지만 특권층으로 자라면서도 스스로를 아웃사이더로 여겼어요. 큰 치아 때문에 학생들 사이에서 '토끼 이빨'이라고 불렸는데, 레이디 가가 자신도 "전 놀림의 대상이었어요."라고 인정했어요. 옷차림이 다른 여학생들과 달라서 더 그랬을 거예요. 마릴린 먼로처럼 머리에 컬을 넣고, 티에리 뮈글러의 화려한 빈티지 정장을 입었는데, 어깨는 한껏 과장되고 허리는 잘록한 스타일이었지요. 누가 봐도 수녀원 부속학교에 다니는 여학생의 복장은 아니었어요. 열일곱 살에 뉴욕대학교의 예술학부에 들어갔지만 음악을 하겠다며 2학년 때 학업을 그만뒀어요. 그때

아버지와 거래를 하나 했어요. 1년 동안 아파트 월세를 지원받
는 대신 그해 말까지 음악으로 성공하지 못하면 학교로 돌아간
다는 조건이었어요. 꿈을 현실로 만들겠다고 작정한 레
이디 가가는 여러 클럽을 돌아다니면서 최선을 다해 피
아노를 치고 노래를 불렀어요. 그러다가 롭 푸사리를
만나서 레이디 가가라는 이름을 받았어요. '라디오 가
가'라는 퀸의 노래에서 따온 거예요.*

레이디 가가로 새로 태어난 뒤 처음으로 고른 스타
일은 1980년대의 고고 의상과 세련된 남성미를 섞은
것이었어요. 펑키한 레오타드에 어깨가 강조된 재킷
을 입고, 망사 스타킹에 킬힐을 신었지요. 바지는 절
대 안 입는데, 시력이 안 좋은 할머니가 맨다리를 보
고 무대에 선 자신을 알아봐야 하기 때문이래요.

그리고 2007년에 드디어 미국의 대형 음반회사인인
터스코프 레코드와 계약을 맺으며 아버지와의 약속을
지켰어요.

2008년에는 첫 번째 솔로 앨범인 〈더 페임〉을 발표
해서 '저스트 댄스', '포커 페이스', '파파라치' 등의 히트
곡으로 차트를 초토화했지요. 이 앨범으로 그래미 시상

요즘은 젊은 패션 디자이너와 아트 디렉터(전부 26세 이하)들로 구성된 이미지 메이킹 팀의 도움을 받아요. 팀 이름은 '하우스 오브 가가'라고 해요.

식에서 최우수 일렉트릭/댄스 앨범상을 받을 때는 짧은 은색 드레스에 번갯불 모양의 모자를 쓰
고 나타났어요. 잘못하다간 누군가를 찌를 것만 같았어요.

레이디 가가는 사람들이 눈을 뗄 수 없게 만드는 흔치 않은 패션 감각을 지니고 있어요. 불꽃
을 발사하는 브래지어나 초현대적인 은색 조형물이 달린 코르셋, 면도날로 만든 선글라스 등만 봐
도 알 수 있어요. 다른 팝 스타들이 반질반질한 잡지 표지에 2D로 존재할 때, 레이디 가가는 3D
공간으로 뛰쳐나와 어느 각도에서든 볼 수 있는 예술품이 된 거예요. 모피 사용에 반대한다는 의
미에서 개구리 인형으로 뒤덮은 드레스를 입고 나오기도 했지요. 비눗방울 기계를 달아서 진짜 비
눗방울을 내뿜는 드레스도 빼놓을 수 없어요. 영국의 엘리자베스 여왕을 만날 때 엘리자베스 시

*이름의 기원에 대해서는 다른 설도 있어요. 푸사리의 말을 듣고 레이디 가가 자신이 직접 이름을 지었다고 말하기도 했지요.

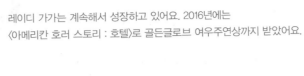

레이디 가가는 계속해서 성장하고 있어요. 2016년에는
《아메리칸 호러 스토리 : 호텔》로 골든글로브 여우주연상까지 받았어요.

대의 스타일을 반영한 소매가 달린 빨간 라텍스 드레스를 입은 것도 유명해요. 여왕은 아주 즐거워했어요. 머리에 크리스마스트리나 높다란 왕관을 쓰기도 하고 머리카락으로 거대한 리본을 만들어 올리기도 했어요. 소심한 사람은 감히 엄두도 못 낼 패션이지요. 이 중에 어느 하나라도 예쁘다는 말을 들었을까요? 레이디 가가가 추구하는 건 그런 게 아닐 거예요.

가수들 사이에서는 성형수술이 보편화됐지만 레이디 가가는 얼굴에 칼을 댄 적이 없어요. 가끔은 아예 마스크로 얼굴 전체를 가리고 공연할 때도 있지요. 마스크 자체가 멋지기도 하지만 다른 목적도 있어요. 얼굴을 가리는 건 관객들에게 자신을 아름다움의 대상이 아닌 아티스트로 봐달라는 뜻이 아니었을까요? 이유가 무엇이든 레이디 가가는 레드카펫에서 우아한 드레스를 자랑하는 예쁜 연예인들 사이에서 별종으로 취급당했어요. 심지어 입고 간 의상이 옷다운 옷도 아니어서 '최악의 드레스'에 선정되지도 못했지요. 과연 비늣방울 기계를 드레스로 볼 수 있을까요? 하지만 아마도 그게 요점일 거예요. 패션 철학을 설명해 달라는 질문에 이런 대답을 한 걸 보면 말이에요.

"당신 같은 사람은 처음 봤고 예전에도 없었을 거라는 말을 듣는 게 모든 여자가 추구해야 할 방향이라고 생각해요."

자신의 팬들까지 바지를 안 입은 외계인 차림으로 다니길 원하지는 않겠지만, 용기를 내서 각자의 내면에 존재하는 아웃사이더의 모습을 받아들이자는 거예요. 아니면 최소한 그렇게 태어났다는 걸 마음 편히 인정하자는 뜻이지요.

레•이디 가가 스타•일로 신발 꾸미기

 **준비물**

 장식이 필요한 수수한 신발

섬유 접착제

 모조 다이아몬드

 붓

 레이스

---

1. 신발 표면을 닦고 안에는 신문지를 넣어 젖지 않게 해요. 신발이 축축하면 완전히 마를 때까지 놔 두세요.

2. 신발 표면에 붓으로 섬유 접착제를 발라요.

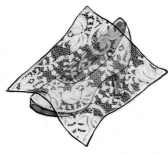

3. 신발 전체에 레이스를 감아요. 이때 밑창으로 들어갈 여분은 남겨 두어요.

4. 레이스의 한가운데를 자르고 가장자리를 돌아가며 3mm씩 남기고 다듬어요. 3mm의 단을 신발 안으로 접어 넣고 접착제로 붙여요.

Tip 조금 더 화려하게 하려면 발등에 장식물을 달아요. 오래된 귀걸이(금속으로 된 심은 끊어 버리기)나 리본, 모조 다이아몬드, 꽃, 스파이크도 좋고, 합성 섬유를 별 모양으로 잘라 사용해도 좋아요.

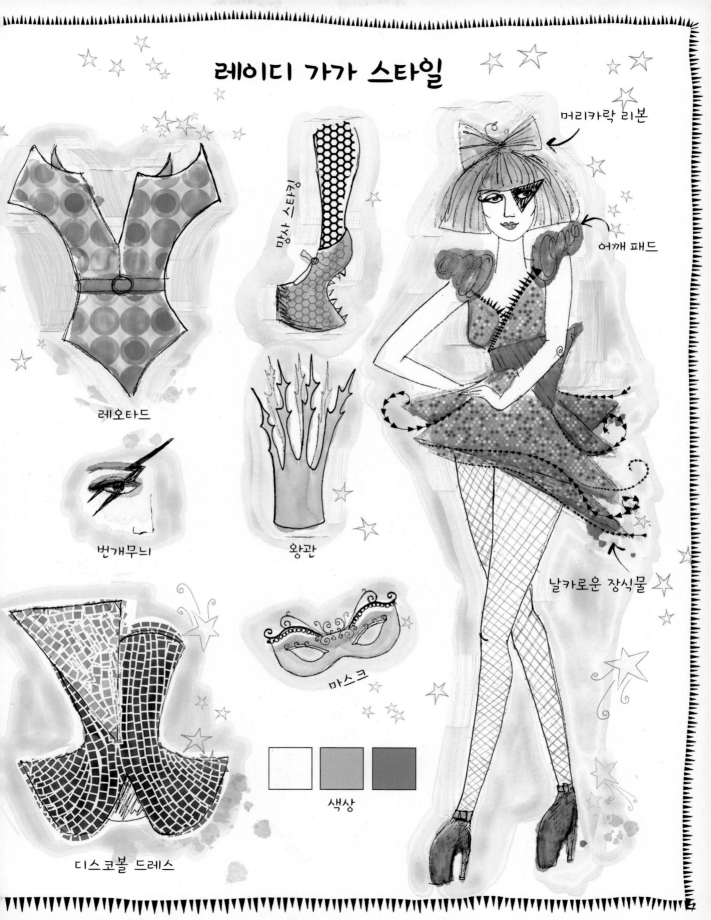

레이디 가가 스타일

레오타드

망사 스타킹

머리카락 리본

어깨 패드

번개무늬

왕관

날카로운 장식물

디스코볼 드레스

마스크

색상

자신감 넘치는 다양한 얼굴

미셸 판

1987년생

"자신감은 개인적인 여정이에요."

미셸 판

유튜브에서 처음 미셸 판의 메이크업 영상을 보게 되면 새로 친해진 친구와 편안한 스파에 들어와 있는 기분이 들 거예요. 눈썹 뽑는 법처럼 무시무시한 얘기나 '자신감을 키우는 법' 등도 가벼운 마음으로 듣게 되지요. (참고로 자신감 부분은 눈썹과 아무런 관련이 없어요.) 그리고 다음 순간, 미셸이 은구슬같이 부드러운 목소리와 사슴 같은 눈망울로 "저도 지금 같이 하고 있어요."라고 하면 당장에라도 달걀을 하나 깨뜨려 얼굴에 발라 보고 싶어지지요. ('달걀 마스크팩 하는 법' 영상을 보세요. 그대로 하면 피부에서 확실히 광이 나요.)

한때는 찢어지게 가난해서 식비 지원이 없으면 생계가 불가능했던 베트남계 가정의 꼬마가 어떻게 패션과 화장품을 아우르는 제국을 건설할 수 있었을까요? 미셸은 자신의 성공이 그저 우연이었다고 말하지만, 유튜브 구독자 수만 7백만이 넘고, 독자적인 화장품 라인과 직접 세운 TV 프로덕션이 있는 데다가 최근에는 책까지 출판한 걸 단순히 우연으로 치부할 순 없지요.

미셸 '뚜엣 방' 판은 1987년 4월 11일, 미국 매사추세츠 주 보스턴에서 태어났어요. '뚜엣 방'이라는 이름은 베트남 어로 '매우 많이 내린 눈' 혹은 '눈사태'라는 뜻이에요. 아버지가 지어준 이름

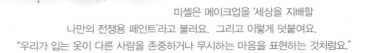

미셸은 메이크업을 '세상을 지배할
나만의 전쟁용 페인트'라고 불러요. 그리고 이렇게 덧붙여요.
"우리가 입는 옷이 다른 사람을 존중하거나 무시하는 마음을 표현하는 것처럼요."

인데, 눈송이 하나는 너무 연약하지만 내린 눈을 전부 합치면 '막을 수 없는 힘'이 생긴 다는 뜻이에요. 지금 와서 보니 아무도 막을 수 없는 거물로 자라날 딸에게 딱 맞는 이름이었어요.

미셸은 생후 3개월밖에 안 됐을 때, 가족들과 캘리포니아 주 샌프란시스코로 이사했어요. 가족들은 시동도 잘 안 걸리는 고물 밴을 타고 대륙을 횡단했지요. 캘리포니아에서의 삶은 녹록치 않았어요. 부모가 늘 빚에 쫓기다 보니 미셸은 학교를 계속 옮겨 다녀야 했고, 친구도 한 명밖에 못 사귀었어요. 그나마 그림을 그리며 위안을 얻었지요. 종이가 없을 때도 많아서 전화번호부 뒤편의 빈 면에다 그림을 그리거나 가끔은 집 벽에 그림을 그려서 부모를 화나게 만들기도 했어요.

그러다가 플로리다 주 탬파로 이사했는데, 아버지는 거기서 일을 구하지 못했어요. 결국에는 곧 돌아오겠다는 약속만 남기고 일자리를 찾아 보스턴으로 떠났지요. 미셸은 아버지가 돌아오지 않을 거라는 느낌을 받아서 이런 맹세를 했어요.

"아빠가 우릴 떠났어도 난 커서 아빠를 찾을 거야."

그런데 미셸이 인터넷 스타가 된 후 오히려 아버지가 그녀를 찾아왔어요. 그리고 훌륭하게 자라줄 거라고 믿었다며 대견해 했지요. 어머니가 재혼했지만 미셸은 새아버지와 사이가 좋지 않았어요. 탬파에서의 삶도 힘겨웠어요. 방 하나짜리 아파트에서 마룻바닥에 침낭을 깔고 잤으며, 집에는 가구가 하나도 없었어요. 학교에는 동양인 학생도 거의 없어서 심술궂은 아이들은 미셸을 칭총* 이라며 놀려댔고요.

----
*칭총 : 중국인을 비롯한 아시아인을 비하하는 호칭.

그러자 미셸은 또래들과 어울리려고 외모를 바꾸기 시작했어요. 히스패닉*처럼 피부를 더 태우고 흑인처럼 머리를 땋은 거예요. '외모를 바꿔서 진정한 나 자신을 숨겼다'며 본인도 인정했지요.

이제는 자신의 여러 가지 다른 모습을 표현하고 삶을 즐기기 위해 다양한 변신을 시도하고 있어요. 독학파 메이크업 아티스트이자 자칭 '디지털광'인 미셸은 예술적인 감성을 활용해 화장품과 패션 분야에도 손을 뻗었어요. 자신의 얼굴과 몸을 캔버스 삼아 끊임없이 지우고 다시 그린 거예요. 2007년에 처음 올린 동영상은 자연스러워 보이는 메이크업 방법이었어요. 그 후로 계속 영상을 올렸는데, 청바지로 멋 내는 법부터 꽉 끼는 구두를 얼음으로 늘리는 법 등 간단하지만 유용한 내용이 많았어요. 그러다가 좀 더 극적인 연출로 넘어갔어요. 케이팝 스타나 사이버 고딕풍의 일본 애니메이션 캐릭터, 심지어 디즈니 공주로 변신하는 법까지 가르쳐줬어요. 나만의 판타지 아바타를 만드는 것처럼 미셸은 끔찍한 '좀비 귀신'에서 자극적인 '이집트 여왕'에 이르기까지 자유자재로 변신했어요. 미셸의 영상을 보고 나면 메이크업으로 예쁘게 보이는 것보다 과정을 즐기면서 아름다운 모습을 찾아가는 게 훨씬 재미있다는 걸 깨닫게 되지요. 그러던 중 미셸의 삶에 새로운 지평이 열렸어요. 랑콤의 임원이 '비행기 안에서의 뷰티 팁' 영상을 본 거예요. 이 영상에서 미셸은 수분 유지를 위해 콜라겐 마스크를 쓰라고 조언했어요.

*히스패닉 : 중남미계의 미국 이주민.

다양한 스타일을 즐기는 미셸은 영상을 보는 이들에게 한 가지 점을 늘 강조해요. 모델이나 영화배우도 피부와 몸매가 완벽하지는 않다는 거예요. 다만 메이크업을 완벽하게 하고 전문적인 조명의 도움을 많이 받았다고 해요.

당시에 랑콤은 화장품 사용법 영상 제작에 수천만 달러를 쏟아부었지만 조회 수는 미셸이 집에서 찍은 기발한 영상에 한참 못 미쳤어요. 그래서 미셸에게 '비디오 메이크업 아티스트'라는 공식 직책을 주며 파리와 뉴욕 등지로 출장을 보냈지요. 얼마 안 가 미셸은 영상 프로덕션인 'FAWN (For All Women Network, 모든 여성을 위한 네트워크)'을 세웠고, 로레알의 후원을 받아 저가 메이크업 라인인 '엠(Em)'을 출범시켰어요.

젊은 나이에 비해 엄청난 성공을 거둔 미셸은 타고난 선생님이에요. 재치 있으면서도 간단하게 설명하고, 엉뚱한 매력도 지녔지요. 다른 유튜브 VJ들처럼 쓸데없는 말을 길게 늘어놓지도 않고, 강매도 하지 않아요. 인터넷으로 직접 산 제품을 평가해 줄 뿐이지요. 자기 자신이 빈곤층 출신인 만큼 물건을 사는 재미보다 패션을 즐기는 방법을 보여 주려고 세심하게 신경을 쓰지요. 패션은 그 사람에 대해 말해 준다고 믿거든요.

이집트 여왕의 모습일 때나 케이팝 스타의 모습일 때나 미셸이 팬들에게 불어넣은 정신은 똑같아요. 마음껏 실험하고 즐기고, 그러다가 망치면 얼굴에 달걀을 깨뜨려서 피부가 좋아지는지 확인해 보라는 거예요.

이제 유명인이 됐지만 미셸은 여전히 영상을 직접 편집해요. 그리고 믿거나 말거나지만, 평소에는 화장을 거의 안 한다네요.

144

미셸 판 스타일

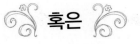

로맨틱   혹은   록스타

장미
목걸이

레이어드 스커트

옅은 립스틱

누드 아이섀도

고전적인 스타일의
가방

스파이크가 박힌
머리띠

체크무늬 스커트

검은색
립스틱

검은색
아이라이너

플랫폼 부티
밑창이 두껍고
발목까지 오는 부츠.

타비 게빈슨
1996년생

*"사람들이 괴상해 보이거나 재미있게 차려입은 사람을 동경하는 건
자기도 그런 용기가 있었으면 하고 바라기 때문일 거예요."*

타비 게빈슨

타비 게빈슨이 지금 몇 살이지? 대다수의 사람들은 이런 질문을 먼저 떠올려요. 타비는 불과 열한 살의 나이에 '스타일 루키'라는 패션 블로그를 만들었으니까요. 물론 시작은 미미했어요. 전문 모델 없이 자기가 좋아하는 옷을 입고 카메라 앞에 섰어요. 집 마당에 임시로 만든 삼각대를 놓고 말이에요.

타비의 스타일은 한마디로 정의하기 힘들었어요. 외모는 넓은 미간과 인형처럼 두꺼운 앞머리, 차가운 눈빛, 투명한 피부 때문에 어린 뱀파이어 같았지요. 하지만 예민한 소녀에게 어울리지 않게 꽃무늬가 들어간 할머니 드레스에 필박스 모자, 두툼한 니트 스카프, 정형외과 치료용으로 보이는 새들 슈즈*에 147센티미터의 키를 뒤덮는 오버사이즈 재킷을 걸치고 나왔어요. 솔직히 말할 게요. 색맹이면서 괴짜에다가 할인점 쇼핑을 즐기는 할머니가 옷을 입혀 준다면 타비가 처음 선보인 패션이 나올지도 모르겠어요. 순수한 아이와 미치광이 노파가 뒤섞인 아이러니한 모습을 보고 사람들은 혼란스러워했어요. 그래서 계속 같은 질문을 반복하는 거예요. "어떻게 저런 옷을 입고

---

*새들 슈즈 : 발등에 다른 가죽을 덧댄 단화.

도 태연할 수 있지?" 그러다가 "쟤는 도대체 몇 살이야?" 하게 되지요. 두 번째 질문의 답은 요즘 세상에 그리 중요하지 않아요. 특히 작가와 편집자, 연설가, 가수, 배우에게는 말이지요.

타비 게빈슨은 미국 일리노이 주 오크파크에서 태어났고, 오크파크 앤 리버 포레스트 고등학교를 졸업했어요. 블로그는 6학년 때 시작했는데, 일상이 지루해서였기도 하고, 남들과 완전히 다른 옷을 입으면 누구와도 비교되지 않을 거라 생각해서였어요. 작전은 성공했어요. 타비는 독보적인 패션 감각을 지니게 되었으니까요. 첫 번째 패션 촬영에서는 빈티지 드레스에 예술적인 포인트를 마구잡이로 섞었어요. 두꺼운 안경을 쓰고, 프리다 칼로처럼 머리에는 꽃을 꽂고, 조니 미첼*에게 영감을 받은 뱅 스타일 머리 모양을 했지요.

타비가 패션을 좋아한 가장 큰 이유는 그저 패션으로 그치지 않고 언제나 다른 무언가와 연결되기 때문이에요. 그런 의미에서 더욱 의식적으로 그리스 신화나 미술사 같은 다양한 장르의 책에서 영감을 얻었고, 자신의 무드 보드*나 아이팟 플레이 리스트를 이용하기도 했어요. 한 인터뷰 영상에서는 플라스틱 집 모형과 종이꽃으로 티아라를 만드는 법을 보여 주었어요. 타비에게 패션은 예뻐 보이려는 것이 아니었어요. 자기가 할 수 있는 궁극의 예술을 표현한 것이었지요. 그렇게 솔직하게 자신을 표현하자 하루에 블로그를 읽는 독자가 3만 명까지 늘어났고, 얼마 지나지 않아 유명 디자이너들이 패션 위크에 타비를 초대했어요. 일본 디자이너 카와쿠보 레이의 초대로 도쿄에서 열린 홀리데이 파티에 참석했고, 샤넬의 크리에이티브 디렉터 칼 라거펠트와 어울리기도 했어요.

그러던 어느 날 타비는 〈새시(Sassy)〉 잡지의 편집장 제인 프랫의 눈에 띄어서 잡지를 창간할 수 있게 도와주겠

*조니 미첼 : 1970년대 음악의 아이콘이자 타비의 패션 아이돌.
*무드 보드 : 원하는 이미지를 모아 놓은 것.

다는 제안을 받았어요. 두 사람은 만나서 아이디어를 나누었고, 첫 번째 브레인스토밍 세션을 통해 '루키'라는 잡지가 탄생했어요. 타비는 "〈루키〉가 모든 문제의 답을 주지는 못하겠지만, 우리가 싣는 기사로 인해 한 사람이라도 자기 자신을 더 사랑하게 된다면 그걸로 만족해요."라고 포부를 밝혔어요. 또한 10대들이 미디어에서 묘사하는 것보다 훨씬 다양한 면을 지니고 있으며, 진짜 10대의 모습을 보여 주는 게 자신의 임무라고 생각했어요. 그런 소녀들은 '5분 전까지만 해도 울었다는 걸 티 안 나게 하는 법' 같은 기사를 읽고, 엉덩이 크기를 걱정하기보다는 '방귀를 뀌고 아닌 척 도망가는 법'에 더 관심을 두니까요.

자칭 '대중문화광'인 만큼 타비는 사람들을 실망시킬 리가 없었어요. 어느 인터뷰에는 눈알 목걸이를 하고 나타나 누굴 죽여서 빼낸 눈알인지에 대해 냉소적인 농담을 터뜨렸어요. 신체 나이를 학창시절 때처럼 되돌리는 법은 간단하다면서 피자 두 조각에 탄산음료 한 잔, 그리고 각종 채소에 랜치 드레싱을 뿌려 먹으라는 조언도 잊지 않았지요. 물론 농담이었어요. 이처럼 독특한 패션 취향에 어울리게 약간은 삐딱하고 상식을 벗어난 농담을 즐겨서 타비를 불편해하는 사람들도 있었어요.

고등학교를 졸업한 타비는 뉴욕으로 가서 연기라는 새로운 영역에 도전했어요. 2014년에 브로드웨이 연극인 〈디스 이즈 아워 유스(This is Our Youth)〉에서 제시카 골드먼이라는 예민한 패션학과 학생 역을 맡은 거예요. 1980년대 뉴욕을 배경으로 제멋대로인 세 명의 10대가 자신의 길을 찾으려 애쓰는 모습을 그린 연극이었어요. 〈뉴스위크〉는 타비의 연기를 '지극히 유쾌하다'고 평가했고, 〈뉴요커〉에서는 타비를 '혼자 힘으로 여기까지 온 스타'라고 묘사했지요.

타비는 자신의 운명을 스스로 개척하고 있어요. 다음 정거장은 어디일까요? 최근의 스타일 변화를 보면 패션은 우선순위에서 멀어진 것 같아요. 눈알 목걸이와 온갖 무늬가 들어간 할머니 드레스, 직접 만든 티아라가 사라졌거든요. 간소한 검은색 드레스 차림에 턱밑까지 오는 단발머리의 전형적인 뉴요커가 된 거예요. 하지만 할머니 스타일을 선보였던 과거의 선택을 후회하지는 않는다고 해요.

"예전 사진을 보면 지금은 절대 그렇게 안 입겠지만, 당시에 저 자신에게 그런 기회를 준 게 다행이라고 생각해요. 덕분에 자신감이 많이 생겼고 정말 재미있었으니까요."

타비는 독자들에게 재미있는 큰언니나 함부로 비판하지 않는 친구처럼 다가가요. 그리고 남다른 패션 센스로 자신만의 길을 만들어 왔지만 자신감을 느끼는 게 쉽지만은 않다며 이렇게 말했어요.

"자신감을 느끼는 것과 이해받지 못하는 기분은 상호 배타적이에요. 그게 정말 괴로운 거죠."

이런 지혜로운 말을 들으면 타비의 나이는 까맣게 잊어버리게 돼요. 10대의 몸에 갇힌 어른처럼 현명한 소녀인 것만은 틀림없어요.

타비 게빈슨 스타일

할머니 스웨터

두꺼운 뿔테 안경

머리에 꽂은 꽃

칼라 달린 블라우스

눈알 목걸이

별로 장식한 티아라

체크무늬 스커트

일기장

JOURNAL

나비

니삭스
무릎길이의 양말.

색상

데이지

기타

새롭게 떠오른 패셔니스타

오늘날에도 패션은 끊임없이 변하고 있어요.
정상에 올랐을 뿐 아니라 패션계를 뒤흔들고 있는 젊은 패션 아이콘들을 만나 볼까요!

베타니 모타

유튜브 구독자를 100만 명이나 보유하고 있고, 〈댄싱 위드 더 스타〉에 출연했으며, 독자적인 의류 브랜드까지 있는 베타니 모타가 학교 점심시간에 혼자 밥을 먹었다는 게 믿어지지 않아요. 열세 살에 왕따를 당한 베타니는 고통을 잊기 위해 부드러운 목소리로 메이크업과 패션을 소개하는 영상을 만들었어요. 그때부터 자신감이 생겨나고 팬도 많아져서 현재까지 수백 편의 영상을 제작했지요. 직접 만드는 건강한 아이스크림, 마블 네일아트, 배꼽티 제작법 등은 물론이고, 서로 친절히 대하는 게 왜 중요한지 등 다양한 내용을 다루었어요.

베타니 스타일
베타니는 발랄함과 보헤미안 감성을 조화롭게 이용해요. 리본이나 꽃 같은 소녀 취향의 소품을 좋아하지만 대충 걸쳐도 되는 편한 스니커즈와 티셔츠도 즐겨요.

리본

부엉이 지갑

군화

꽃무늬 드레스

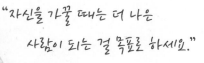

"자신을 가꿀 때는 더 나은 사람이 되는 걸 목표로 하세요."

메리 케이트와 애슐리 올슨

커다란 선글라스

쌍둥이 자매인 메리 케이트와 애슐리 올슨은 힘을 합해 성공적으로 패션 제국을 건설했어요. 억만장자 대열에 오른 것도 모자라서 2012년에는 패션계의 슈퍼스타 마크 제이콥스를 물리치고 올해의 여성복 디자이너로 선정되었지요.

두 사람은 겨우 9개월 된 아기일 때부터 시트콤 〈풀하우스〉에 출연해서 인기를 얻었어요. 기저귀를 차고 작은 금발 머리를 틀어 올린 모습으로 말이에요. 그들을 보고 자란 10대 팬들은 청소년이 된 올슨 자매가 입는 거라면 무엇이든 똑같이 따라 했어요. 미래를 내다보는 감각이 있는 두 사람은 세 가지 의류 라인(더 로, 엘리자베스 앤 제임스, 올슨보이)을 만들어서 언제나 트렌드를 일 년씩 앞서가는 옷을 선보이고 있어요.

커다란 가방

올슨 자매 스타일

하이-로 패션의 대가인 올슨 자매는 단순하고 저렴한 옷을 명품과 조화시키는 감각이 탁월해요. 마트에서 산 단색 드레스를 입고, 거금을 들여 산 드롭 귀걸이를 하는 식이지요. 메리 케이트는 157.5cm, 애슐리는 160cm로, 둘 다 키가 작지만 오버사이즈 안경이나 커다란 슬라우치 백*, 기다란 맥시 드레스 같은 스타일을 소화하는 데 거리낌이 없어요.

*슬라우치 백 : 축 늘어진 스타일의 가방.

가죽 바지

맥시 드레스

비너스와 세레나 윌리엄스

윌리엄스 자매는 테니스계의 스타이자 패션계의 거물이에요. 세레나 윌리엄스는 서른 개가 넘는 그랜드슬램 우승컵과 네 개의 올림픽 금메달을 거머쥐었지요. 비너스 윌리엄스 역시 스무 개가 넘는 그랜드슬램 우승컵과 네 개의 올림픽 금메달을 땄어요. 비너스가 적당히 타협하지 않는 성격으로 자랄 수 있었던 것은 학교 시험에서 C를 받는 걸 용서하지 않았던 부모 덕분이라고 밝혔어요. 세레나는 남들이 자신을 어떻게 생각하는지 걱정하지 않고 '무리' 속에 숨지 않으려 했기 때문에 성공한 것 같다고 말했어요. 테니스 코트 밖에서도 비너스는 일레븐(EleVen), 세레나는 아네레스(Aneres)라는 패션 라인을 선보여 성공을 거두었지요.

구슬로 땋은 머리

니스 라켓

화려한 무늬의 테니스 드레스

윌리엄스 자매 스타일

두 사람은 주로 스포츠웨어를 디자인하는데, 커다란 꽃무늬와 대담한 기하학 무늬, 시선을 끄는 강렬한 색상이 특징이에요. 헌신적인 노력으로 꿈을 이룬 윌리엄스 자매의 패션 브랜드답게 스타일과 편안함을 동시에 만족시키는 스타일이에요.

조 다마셀라

재능 있는 패션 디자이너가 되는 것과 성공적인 여성 사업가가 되는 건 다른 문제예요. 조 다마셀라는 어릴 때 싱글맘인 엄마와 근근이 생계를 유지했고, 한때는 노숙을 하기도 했어요. 하지만 겨우 여덟 살의 나이에 집집마다 카드를 팔러 다니며 처음 사업에 뛰어들었고, 열네 살 때는 의류 회사를 설립했지만첫 번째 드레스는 수익도 포기하고 13달러에 팔았어요. 그 후 본격적으로 페플럼 드레스*, 캐주얼 재킷, 러플 블라우스 등을 전 세계에 판매했어요. 노스웨스턴 대학에 진학한 후 오바마 대통령을 만났고, 잡지 〈세븐틴〉의 표지를 장식했으며, 메이시즈 백화점과 디자인 계약을 체결하기도 했어요. 그런 조가 젊은 창업가들에게 해 주고 싶은 충고는 무엇일까요? 바로 "실패해도 괜찮아!"였어요. 사업에 실패하는 걸 두려워하지 말고 성공할 때까지 다시 시작하고 또다시 시작하라는 뜻이지요.

*페플럼 드레스 : 허리선 밑에 작은 러플을 넣은 스타일.

조의 스타일

사소한 부분에 집중하는 게 조의 스타일이에요. 드레스가 어떻게 움직이는지를 생각해서 러플이나 프린세스 솔기*, 개더드 웨이스트* 등으로 세심하게 구조를 잡지요. 드레스 안감을 예쁜 천으로 만드는 등 작은 부분도 절대 놓치지 않아요.

*프린세스 솔기 : 드레스 앞부분에 세로로 길게 이어진 장식 솔기.
*개더드 웨이스트 : 허리 부분의 천을 모아 주름을 여러 개 잡은 스타일.

허리에 주름을 잡은 스타일

러플

페플
드레

브리트니 그라이너

2미터 3센티미터의 장신인 농구 스타 브리트니 그라이너가 학창 시절에 '괴물'이라고 불린 건 그리 놀라운 일은 아니에요. 놀림당하는 게 싫었던 브리트니는 덩크슛과 드리블, 패스, 블로킹을 갈고 닦는 방식으로 나름의 저항을 했어요. 그리고 중성적인 정장에 나비넥타이를 하고 다녔어요. 대학 4학년 때는 통산 3,203 득점에 736블로킹이라는 NCAA(미국 대학 농구) 신기록을 세웠어요. 동성애자라는 것을 공개한 브리트니는 "이건 내 인생이야. 내 피부야. 내 문신이야."라는 글자를 몸에 새겨 솔직한 심정을 표현했지요. 2014년에는 책을 통해 차별주의자들의 비판을 잠재웠어요. 진정한 자신을 찾고 싶어서 고민하고 있다면 브리트니의 감동적인 자서전 〈인 마이 스킨(In My Skin)〉을 꼭 읽어 보세요.

브리트니 스타일

브리트니는 농구 코트에서처럼 패션에 있어서도 대담해요. 남의 시선은 아랑곳하지 않고 나비넥타이를 매는가 하면, 맞춤 정장을 입을 때 튀는 색상에 화려한 무늬가 들어간 조끼를 받쳐 입지요. 이렇게 자아도취적인 매력은 쿨한 검은색 스니커즈를 신어서가 아니라 확실한 자신감에서 뿜어져 나오는 거예요.

나비넥타이

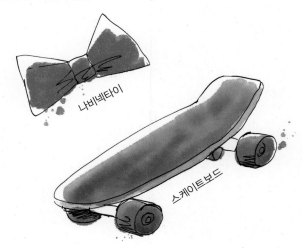

스케이트보드

농구공

문신
일회용 타투를
해 보세요.

조끼

반스 스니커즈

패션 선구자가 되어요

"제대로 된 신발을 가진 여자는 세상을 정복할 수 있어요."

베트 미들러, 엔터테이너

우리는 매일 아침 일어나면 옷장으로 가서 아주 중요한 선택을 해요.

'내가 누구인지 세상에 어떻게 알릴까?'

옵션이 무한하다는 게 이 선택에서 가장 좋은 점이지요. 오드리 헵번의 우아함에 레이디 가가의 과격함을 약간 섞으면 어떨까요? 레이디 가가처럼 개구리 인형으로 뒤덮인 드레스를 입으면서 발레 플랫을 신으면 돌아다니기가 한결 수월하겠지요? 화려해지고 싶은 날은 프리다 칼로 스타일로 머리에 꽃을 꽂는 대신 엘런의 컨버스 신발을 받쳐 신는 거예요. 지나치게 화려하고 싶지는 않으니까요. 어떤 방식으로 의사소통을 하느냐는 전적으로 자기 자신에게 달려 있어요. 패션은 그런 가능성을 열어 주지요.

이 책에 나오는 여성들은 자신의 뜻을 드러내는 스타일로 새로운 패션의 길을 개척했어요. 코코 샤넬은 여성도 남성처럼 편안한 옷을 입는 세상을 꿈꿨어요. 상징의 힘을 믿은 재클린 케네디는 '카멜롯'이라는 환상을 만들어서 미국의 위상을 바로잡았어요. 조세핀 베이커는 피부색을 이유로 차별하는 이들에게 절대 굴하지 않았어요. 바나나를 흔드는 행위가 의미하는 건 다름 아닌 자유였지요.

이런 여성들의 스타일에서 영감을
받아 자기만의 스타일을 발견해 보세
요. 앞부분에서 재미로 해본 퀴즈 결
과가 오드리 헵번이나 마릴린 먼로, 혹
은 조세핀 베이커와 비슷하다고 나왔더
라도, 내 자신은 바로 나일 뿐이에요. 자기 자신
이 누구인지는 오직 자기 자신만이 알지요. 그
러니 용감하게 실험하고 즐기면서 늘 패션 선구
자로 살아가세요.

— 칼린 세르니글리아 베치아

 패션 용어 사전

스커트와 드레스

A라인 스커트/드레스
허리는 딱 맞고 아래로 갈수록 퍼지는 스타일로, 알파벳 A의 형태를
띤다. 크리스티앙 디오르의 1955년 봄 라인에서 유래했다.

데콜테
목둘레를 깊게 파서 상체 위쪽을 노출하는 스타일.

드롭트 웨이스트
허리선이 일반적인 위치보다 낮은 스타일.

랩 드레스
왼쪽과 오른쪽 천을 몸 앞에서 교차시켜 장식 끈으로 단단히
묶는 일체형 저지 드레스.

미니 스커트
무릎 위로 10센티미터 이상 올라가는 스커트.

미디 스커트
밑단이 종아리의 가장 넓은 지점까지 내려오는 드레스나 스커트.

바이어스 재단
옷감을 대각선으로 자르는 방식. 신체 굴곡에 따라 자연스럽게
달라붙어 몸매를 돋보이게 한다.

버블 드레스
밑으로 갈수록 좁아져서 거품 모양으로 떨어지는 드레스.

베이비 돌 드레스
엠파이어 웨이스트 형태로, 목선이 깊게 파였으며, 단이 무릎
위까지 내려오는 짧은 드레스.

색 드레스
몸의 선에 맞추지 않고 넓게 지어 부대자루같이 헐렁한 드레스.

셔츠 드레스
셔츠 칼라가 있는 무릎길이의 드레스로, 주로 허리에 벨트를
맨다.

시스 드레스
신체에 밀착되는 드레스로, 주로 길이가 긴 편이다.

시프트 드레스
무릎길이의 민소매 드레스로, 목선이 넓으며,
주로 A라인으로 떨어진다.

신치 웨이스트
벨트 등으로 허리를 바짝 조인 것.

엠파이어 웨이스트
허리선이 가슴 밑에서 시작되는 스타일. 일설에 의하면 조세핀 보나파르트 황후가 임신한 배를 감추려고 이 스타일을 유행시켰다고 한다.

치파오
수놓은 직물로 만드는 중국의 전통 드레스. 깃이 곧게 선 스탠드업 칼라로, 오른쪽 목깃에 단추를 달아 여미는 형태. '청삼'이라고도 한다.

펜슬 스커트
엉덩이에서 밑단까지 너비가 일정하게 신체에 밀착되는 스커트.

직물

브로케이드
고급스럽고 무거운 실크 원단으로 금실이나 은실로 무늬를 넣는 경우가 많다. 브로케이드 직물을 만드는 기술은 중세 비잔티움(오늘날의 터키 이스탄불)에서 유래하여 유럽 전역으로 퍼져나갔다. 마리 앙투아네트도 브로케이드로 만든 드레스를 즐겨 입었다.

실크
누에가 뿜어내는 섬유로 만들어 부드러우면서도 질긴 직물. 중국에서 선사 시대에 처음 개발되었다.

저지
양모나 실크, 면, 레이온으로 만든 신축성 좋은 니트 직물. 원래는 잉글랜드 해안의 저지 섬에서 양모로만 만들었는데, 어부들이 입는 튼튼한 옷에 사용되었다.

모자, 보석류, 신발, 장신구

T-스트랩 신발
두 개의 끈이 T자형으로 달린 샌들. 하나는 발등을 세로로 감싸고, 다른 하나는 발목 부위를 감싼다.

글래디에이터 샌들
굽이 평평한 오픈 토 샌들로, 발목이나 무릎 부위를 감싸는 끈이 달려 있다. 서기 35년에 로마 군인들이 처음 착용했다.

뮬
앞코가 막히고 발뒤꿈치가 뚫린 신발. 쉽게 미끄러져서 걸을 때 불편하다. 금박을 입힌 마차를 타고 다닌 18세기 귀족들이 주로 착용했다.

발레리나 플랫 슈즈
앞코가 둥글고 굽이 낮은 부드러운 신발.

스트래피 샌들
토박스와 발목을 감싸는 끈이 달린 샌들.

스틸레토 힐
5-8cm의 가는 굽을 단 힐. 날이 가늘고 예리한 스틸레토 단검에서 이름을 땄다. 1940년대에 마릴린 먼로가 신어서 유명해졌다.

초커
목에 딱 붙는 목걸이.

카디건
칼라가 없는 스웨터로, 앞자락 아래까지 단추를 달아 잠그거나 열 수 있다. 짧은 망토를 두르고 목 부분을 단추로 여민 스타일을 즐겨 입었던 잉글랜드의 카디건 백작에게서 이름을 따왔다.

크롭 톱
배꼽 위로 올라오는 셔츠.

클러치
작은 핸드백으로 보통은 끈이 없다. 주로 저녁 모임에 이용한다.

클로슈
1920년대에 유행한 모자로, 머리에 꼭 맞는 종 모양이다.

키튼 힐
2.5cm 이하의 낮은 곡선형 굽이 있는 신발.

페전트 셔츠
느슨한 소매가 달린 헐렁한 블라우스로, 허리선이 높은 경우가 많다.

페플럼
허리부터 아래로 퍼진 주름 장식이 달린 상의나 드레스.

플랫폼
코르크나 플라스틱, 고무, 목재 등으로 밑창을 두껍게 만든 신발로, 2천여 년 전에 처음 만들었다.

피시네트
십자 무늬로 교차해서 짠 스타킹.

바지와 반바지

레깅스
스타킹과 비슷하지만 더 두껍고 몸에 딱 달라붙는 바지.

벨 보텀
밑으로 갈수록 종 모양으로 퍼지는 바지.

브리치
무릎 아래 착용하는 레깅스로 주로 승마를 할 때 착용한다.

시가렛 팬츠
통이 좁고 점점 가늘어져서 발목 바로 위까지 내려가는 바지.

카프리 팬츠
밑단이 무릎 아래까지 살짝 내려가고 몸에 꼭 맞는 바지.

턱시도 팬츠
양쪽 옆선에 새틴이 한 줄씩 들어가는 검은색 바지.

일반적인 패션 용어

빈티지
일반적으로 오래된 의류를 뜻하는 말로 쓰이지만, 정확히는 20~100년이 지난 옷만 빈티지에 해당한다.

오트쿠튀르
'고급 재봉'이라는 프랑스 어로, 고급 여성복을 제작하는 의상점이라는 뜻이다.

자수
손이나 기계로 천에 수를 놓은 장식.

하이-로 패션
하이 패션이나 맞춤 제작 의상을 캐주얼하고 저렴한 의상과 섞어 입는 것을 말한다.

 참고문헌

Allgor, Catherine. A Perfect Union: Dolley Madison and the Creation of the American Nation. New York: Henry Holt, 2007.

Arnold, Janet. Queen Elizabeth's Wardrobe Unlock'd: The Inventories of the Wardrobe of Robes Prepared in July 1600. Oakville, CT: David Brown Book Co., 1988.

Badman, Keith, Marilyn Monroe: The Final Years. New York: Thomas Dunne Books/St. Martin's Press, 2012.

Baker, Jean-Claude and Chris Chase. Josephine: The Hungry Heart. New York: Cooper Square Press, 2001.

Betts, Kate. Everyday Icon: Michelle Obama and the Power of Style. New York: Potter Style, 2011.

Blumer, Ronald. "Dolley Madison." American Experience. Directed by Muffie Meyer. Arlington: PBS, 2010, DVD.

Bond, Alma H. Michelle Obama: A Biography. Santa Barbara, CA: Greenwood, 2012.

Callahan, Maureen. Poker Face: The Rise and Rise of Lady Gaga. New York: Hyperion, 2010.

Chan, B. Anthony. Perpetually Cool: The Many Lives of Anna May Wong (1905–1961). Lanham, MD: Scarecrow Press, 2003.

DeGeneres, Ellen. Seriously . . . I'm Kidding. New York: Grand Central Publishing, 2011.

Druesedow, Jean and Kohle Yohannon. Katharine Hepburn: Rebel Chic. New York: Skira Rizzoli, 2012.

Essmaker, Tina and Tammi Heneveld. "Tavi Gevinson, Actor/Editor/Writer," The Great Discontent. 1 (June 2014), thegreatdiscontent.com/interview/tavi-gevinson.

Gevinson, Tavi, ed. Rookie Yearbook Two. Montreal: Drawn & Quarterly, 2014.

Hellstern, Melissa. How to Be Lovely: The Audrey Hepburn Way of Life. New York: Dutton, 2005.

워너비 오드리 一+: 사랑받는 여자의 10가지
    자기관리법, 멜리사 헬스턴 저, 이다혜 역,
    웅진윙스, 2009.02.12.
Hepburn, Katharine. Me: Stories
    of My Life. New York: Knopf,
    1991.
Hodges, Graham. Anna May Wong:
    From Laundryman's Daughter to
    Hollywood Legend. Hong Kong: Hong Kong
    University Press, 2012.
Hong, Yunah. Anna May Wong: In Her Own Words.
    Directed by Yunah Hong, Eastwind Productions,
    New York, 2013, DVD.
Jules-Rosette, Bennetta. Josephine Baker in Art and
    Life: The Icon and the Image. Champaign, IL:
    University of Illinois Press, 2007.
Karbo, Karen. The Gospel According to Coco
    Chanel: Life Lessons from the World's Most
    Elegant Woman. Augusta, GA: Skirt!, 2009.
Karbo, Karen. How to Hepburn: Lessons on
    Living from Kate the Great. New York:
    Bloomsbury, 2007.
워너비 샤넬: 우아한 여자를 만드는 11가지 자기창조법,
    크렌 카보 저, 이영래 역, 웅진윙스, 2010.03.24.
Kathleen, Christine, Lady Gaga:
    Unabridged Guide. Brisbane,
    Australia: Emereo Publishing,
    2012.
Kettenmann, Andrea. Frida Kahlo,
    1907–1954: Pain and Passion.
    Los Angeles: Taschen, 2007.
프리다 칼로, 안드레아 케텐만 저, 이영주
    역, 마로니에북스, 2005.11.15.
Maychick, Diana. Audrey
    Hepburn: An Intimate
    Portrait. New York:

Citadel, 1996.

Morrison, John and Jamie Pietras. Frida Kahlo (The Great Hispanic Heritage). New York: Chelsea House Publishers, 2010.

Morton, Andrew. Madonna. New York: St. Martin's Press, 2002.

Nickens, Christopher and George Zeno. Marilyn in Fashion: The Enduring Influence of Marilyn Monroe. Philadelphia: Running Press, 2012.

Phan, Michelle. Make Up: Your Life Guide to Beauty, Style, and Success—Online and Off. New York: Harmony Books, 2014.

Preston, Diana. Cleopatra and Antony: Power, Love, and Politics in the Ancient World. New York: Walker & Company, 2009.

Roller, Duane W. Cleopatra: A Biography. New York: Oxford University Press, 2010.

Schiff, Stacy. Cleopatra: A Life. New York: Little, Brown and Company, 2010.

Schroeder, Alan and Heather Lehr Wagner. Josephine Baker: Entertainer. New York: Chelsea House Publishers, 2006.

Sherrow, Victoria. Encyclopedia of Hair: A Cultural History. Westport, CT: Greenwood Press, 2006.

Spoto, Donald. Jacqueline Bouvier Kennedy Onassis: A Life. New York: St. Martin's Press, 2000.

Stechler, Amy. The Life and Times of Frida Kahlo. Directed by Amy Stechler. Arlington: PBS, 2006. DVD.

Taraborrelli, J. Randy. The Secret Life of Marilyn Monroe. New York: Grand Central Publishing, 2009.

마릴린 먼로, J. 랜디 타라보렐리 저, 성수아 역, 체온365, 2010.06.01.

Weber, Caroline. Queen of Fashion: What Marie Antoinette Wore to the Revolution. New York: Picador/Henry Holt, 2007.

Weir, Alison. The Life of Elizabeth I. New York: Ballantine Books, 1998.

Wood, Ean. The Josephine Baker Story. London: Sanctuary Publishing, 2000.

Zweig, Stefan. Marie Antoinette: The Portrait of an Average Woman. New York: Grove Press, 2002.

35ab

1 9, 5, 4, 3, 21   **2** 날수, 날씨

3

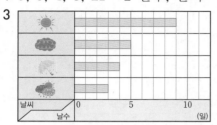

4 막대그래프   **5** ☀

6 6

〈풀이〉

4 날씨별 날수의 많고 적음을 한눈에 알아보기에 편리한 것은 막대그래프입니다.

6 세로 눈금 한 칸은 1일이고, 가장 긴 막대(9칸)와 가장 짧은 막대(3칸)의 차는 6칸이므로 날수의 차는 6일입니다.

36ab

1 4, 10, 8, 5, 7, 6, 40
2 40   **3** 6
4

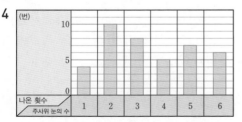

5 예   주사위 눈의 수별 나온 횟수

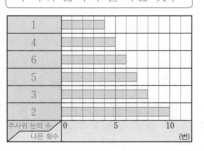

37ab

1 예

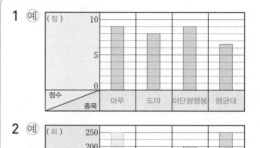

2 예

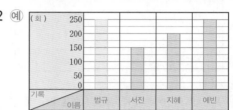

38ab

1 늘어났습니다.   **2** 2019
3 예 알 수 없습니다.
4 줄어들었습니다. **5** 2019
6 예 알 수 없습니다.

〈풀이〉

1 막대그래프를 보면 2007년부터 2019년까지 막대의 길이가 점점 길어지므로 초미세먼지 주의보 발령 지역은 점점 늘어났습니다.

3 막대그래프에 2017년도는 나와 있지 않으므로 초미세먼지 주의보 발령 지역 수를 알 수 없습니다.

39ab

1

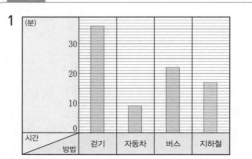

2 자동차

3 ⓔ 지하철, 지하철은 시간이 적게 걸리면서 돈이 많이 들지 않기 때문입니다.

4
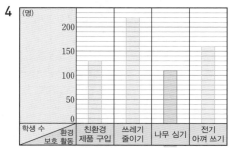

5 620

6 ⓔ 먹을 만큼만 담아 음식을 남기지 않습니다. 재활용 쓰레기를 잘 분리배출합니다.

〈풀이〉

4 세로 눈금 한 칸의 크기는 10명을 나타내므로 쓰레기 줄이기를 실천한 학생 수는 220명입니다. 따라서 나무 심기를 실천한 학생 수는 220명의 반이므로 110명입니다.

5 친환경 제품 구입: 130명,
쓰레기 줄이기: 220명,
나무 심기: 110명,
전기 아껴 쓰기: 160명
따라서 조사한 학생은 모두
130+220+110+160=620(명)입니다.

40ab

1 가 동   2 나 동   3 혜리
4 토요일, 토요일
5 ⓔ 핸드폰 사용 시간이 많을수록 공부 시간이 적습니다.

〈풀이〉

2 엘리베이터 전기 사용량이 가장 많은 동은 막대의 길이가 가장 긴 나 동입니다. 따라서 이날 엘리베이터 유지비가 가장 많이 든 동은 나 동입니다.

성취도 테스트

1 9, 7, 4, 8, 28   2 28
3 봄   4 4
5 34
6
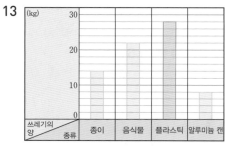

7 10, 1
8 제주도, 울릉도, 거제도, 강화도
9 안경을 쓴 학생 수   10 1
11 1반   12 4반, 6
13

14 14

15 ⓔ 1년 동안 배출된 종이의 양은 14 kg입니다. 1년 동안 배출된 쓰레기의 양이 가장 무거운 것은 플라스틱입니다.

〈풀이〉

4 가을 4명, 겨울 8명 ⇨ 8−4=4(명)

5 120−23−36−27=34(명)

13 세로 눈금 한 칸의 크기는 10÷5=2 (kg)을 나타내므로 1년 동안 배출된 종이의 양은 14 kg입니다. 따라서 1년 동안 배출된 플라스틱의 양은 14×2=28 (kg)입니다.

14 1년 동안 배출된 음식물의 양: 22 kg
1년 동안 배출된 알루미늄 캔의 양: 8 kg
⇨ 22−8=14 (kg)